ANTROPOLOGIA VISUAL
DIFERENÇA, IMAGEM E CRÍTICA

© Copyright, 2016 – Ronaldo Mathias
Em conformidade com a Nova Ortografia.
Foto Pierre Verger © Fundação Pierre Verger

Todos os direitos reservados.

Editora Nova Alexandria
Avenida Dom Pedro I, 840
01552-000 – São Paulo – SP
Fone/fax: (11) 2215-6252
Site: www.novaalexandria.com.br
E-mail: novaalexandria@novaalexandria.com.br

Revisão: Augusto Rodrigues
Editoração eletrônica: Editora Nova Alexandria
Capa: Viviane Santos, sobre foto: Obatala - Ilé Ifé, Africa, de Pierre Verger.

Dados Internacionais de Catalogação na Publicação (CIP)
Angélica Ilacqua CRB-8/7057

Mathias, Ronaldo
 Antropologia visual / Ronaldo Mathias. – São Paulo : Nova Alexandria, 2016.
 168 p.

Bibliografia
ISBN: 978-85-7492-413-7

1. Antropologia visual 2. Arte 3. Cinema na etnologia 3. Fotografia na etnologia I. Título

16-0965   CDD 306

Índices para catálogo sistemático:
1. Antropologia visual

ANTROPOLOGIA VISUAL
DIFERENÇA, IMAGEM E CRÍTICA

Ronaldo Mathias

NOVALEXANDRIA

São Paulo – 1ª edição – 2016

A meu ver, o etnógrafo não percebe – principalmente não é capaz de perceber – aquilo que seus informantes percebem. O que ele percebe, e mesmo assim com bastante insegurança, é o "com que", ou "por meios de que", ou "através de que" (ou seja lá qual for a expressão) os outros percebem. Em país de cegos, que, por sinal, são mais observadores que parecem, quem tem um olho não é rei, é um espectador.

Clifford Geertz, *O saber local*

SUMÁRIO

Apresentação – Rita de Cássia Alves Oliveira   09

Introdução   15

Capítulo 1
Antropologia: a alteridade, a escrita e sua interpretação
    O outro e a escrita   19
    O surgimento da antropologia   21
    Criação simbólica da realidade   26
    A realidade construída – e reconstruída   28
    O registro do campo como recorte etnográfico   30
    A escrita da experiência   36

Capítulo 2
Antropologia Visual: origem e características
    O outro pela imagem   38
    Antropologia visual – percurso da imagem   40
    Filme etnográfico – origens   43
    Principais obras fílmicas   46
    A observação fílmica e os filmes etnográficos   48
    Antropologia visual – a reflexão pelo olhar   51

Capítulo 3
Artistas-viajantes e a construção da imagem do outro   53
    Estética e etnografia   54
    O registro etnográfico: características e crise   58
    Os primeiros viajantes e a prática da representação pictórica   61
    Significados construídos e sentidos experenciados   66
    Imagens, relações de poder e ideologia.   70

Capítulo 4
A imagem fotográfica como registro de campo   73
    Antropologia da imagem – a fotografia como registro ético da realidade   75
    Pierre Verger e a fotografia autoral   84
    Claude Lévi-Strauss – fotografia e etnografia   88
    Etnofotografia ou fotografia etnográfica?   91
    A verdade aparente da imagem   93

Capítulo 5
A imagem na prática antropológica: o documentário e o filme etnográfico   95
    Os filmes etnográficos   97
    Robert Flaherty: o "nativo no seu dia a dia"   102
    Dziga Vertov e o cinema-verdade   105
    Jean Rouch e a crítica etnovisual   108

Capítulo 6
Antropologia visual e contexto brasileiro   114
    As tecnologias da imagem e da realidade   115
    Ao redor do Brasil (1932) – Thomaz Reis   117
    As personagens reais de Eduardo Coutinho   121
    Projeto vídeo nas aldeias   125
    Novos olhares de uma etnografia do vídeo   128

Capítulo 7
Imagem, antropologia e crítica   130
    Antropologia hoje: caminhos e crítica   132
    A ficção da imagem fotográfica   138
    A imagem como missão civilizatória   142
    Reflexões sobre o filme etnográfico   145
    Além da antropologia, pois "não estamos vendo direito o hipopótamo"   150

Posfácio – Eu, esses e os outros: a imagem da alteridade nas ciências sociais, por Natalício Batista Jr.   153

Referências   161
Sites   168

APRESENTAÇÃO

Rita de Cássia Alves Oliveira

Na era da cultura imagética e visual fica difícil lidar com a prática científica, a pesquisa, o ensino ou a aprendizagem sem utilizar imagens e vídeos ou se debruçar sobre eles. Na virada do século XX para XXI assumimos definitivamente que as imagens são também forma de conhecimento e, portanto, envolvem as construções de identidade, as disputas simbólicas e imaginárias, os poderes, as dominações e resistências. Mais do que nunca precisamos falar das imagens e utilizá-las em nossas expressões, reflexões e investigações. São dessas coisas que Ronaldo Mathias nos fala em seu livro *Antropologia visual: imagem, crítica e diferença*: imaginários, sensibilidades e experiências que podem ser lidos e compreendidos a partir do campo científico e acadêmico.

Este trabalho resgata a tradição antropológica do uso das imagens na compreensão das culturas, da prática da leitura de suas iconografias ou do emprego da fotografia e do audiovisual como ferramentas de pesquisa com a produção de narrativas imagéticas sobre "o outro". A dimensão estética e as imagens ocupam atualmente papel central nos processos cognitivos e nas formas de abordar e narrar a vida cotidiana contemporânea. As percepções e experiências cotidianas estão nas agendas do consumo e do marketing, assim como nos lazeres e processos comunicacionais; a estética, tanto como constituinte do *Homo sapiens*; quanto como o jogo da arte da vida comum, estabelece as formas e os instrumentos que permeiam as sociabilidades, as disputas, as identidades e os imaginários. A cultura imagética está presente e acentuada não só nos mercados editoriais e midiáticos, mas também nos cotidianos vividos. O dia a dia e a autorrepresentação burguesa foram marcados pela fotografia: álbuns de família, fotografias mortuárias e tumulares condensam os valores e práticas cotidianas burguesas; a emergência da cultura digital trouxe o barateamento e ampliação do acesso às tecnologias de produção e distribuição de imagens, sons e vídeos, alterando cotidianos, relacionamentos, percepções e repertórios, reverberando nas construções das identidades e pertencimentos. Percepções, representações e imaginários entrelaçam-se na vida do *Homo sapiens* desde o início da espécie, mas nos últimos dois séculos essa articulação tem ganhado novos temperos.

As ciências sociais sempre lidaram com as imagens e a estética; recentemente a antropologia passou a dedicar-se com mais intensidade à investigação, atuando tanto na produção quanto na leitura de imagens, duas abordagens metodológicas básicas neste caso. Por um lado, a seleção de uma iconografia permite a realização de leituras dos cotidianos, dos conflitos, das representações e dos imaginários. Por outro lado, as produções etnográficas audiovisuais ou fotográficas têm sido mais frequentes, e não apenas como registros dos trabalhos de campo ou ilustrações dos textos descritivos e analíticos, mas também como formas alternativas de construção de narrativas sensíveis sobre o universo cultural investigado.

A etnografia, método precioso na antropologia, ganha destaque na combinação com a produção fotográfica e transforma-se em *etnofotografia*. A etnografia é uma ferramenta de pesquisa social e cultural que busca conhecer e descrever a cultura e diversidade cultural de determinada localidade, especialmente o cotidiano praticado pelos grupos sociais por meio da convivência prolongada, da observação participante, da imersão no universo cultural investigado e do olhar atento e sensível aos detalhes desse cotidiano e sociabilidade. Aponta para um envolvimento pessoal do pesquisador com essas pessoas e grupos, mas com certo "olhar estrangeiro". Busca identificar os significados das coisas e das relações delas com esses sujeitos investigados. A *etnofotografia* apresentada neste livro enfatiza o uso da fotografia não apenas como instrumento de pesquisa e registro desses cotidianos, mas também como forma legitimada de narrar esses modos de viver, suas formas de sociabilidade, representações e valores.

Neste contexto, o olhar de Ronaldo Mathias apresenta algumas singularidades que vão se insinuando ao longo do livro como agradáveis surpresas. Uma delas é seu caminhar entre as fronteiras do conhecimento e das práticas humanas; pensamento científico, artes plásticas, cinema e fotografia articulam-se para compor a metodologia e as fontes dessa antropologia de fronteira por ele construída. As zonas fronteiriças, conforme aponta o antropólogo Ulf Hannerz, são perigosas, mas também possibilitam maior liberdade e criatividade na gestão dos significados de um lado e de outro; nas fronteiras se dão os contatos entre as diferenças e as novidades que só emergem nas bordas. Perseguindo a vida das imagens, e acompanhando sua própria natureza ao mesmo tempo material e imaterial, sensível e racional, objetiva e subjetiva, seu trabalho lança mão das várias facetas e formas de existência das imagens em seu pensamento antropológico. Outra particularidade desse trabalho é sua perspectiva histórica tanto em relação à produção acadêmica sobre o tema quanto em suas leituras de imagens, mas também na forma como aborda as relações de poder que perpassam a produção, distribuição e apropriação das imagens. Essa perspectiva histórica acentua a importância das representações imagéticas não só para as ciências sociais, mas também para o processo de colonização por parte dos europeus. Expedicionários, desbravadores, colonizadores e catequizadores travaram, como afirma Serge Gruzinski, uma verdadeira "guerra das imagens" ou, como afirma Marc Augé, uma "guerra dos sonhos" nas disputas simbólicas pelas percepções, sensibilidades e imaginários. Deste ponto de vista, o trabalho de Ronaldo Mathias é também uma reflexão sobre os processos de construção de hegemonias e dominações por meio da estética, mas também sobre os caminhos da emergência das hegemonias alternativas e das contra-hegemonias.

Como todas as obras generosas que pretendem formar novos pensadores e pesquisadores, o livro traz também um mapeamento cuidadoso dos principais marcos teóricos da antropologia visual, assim como os autores, pesquisadores e comentadores do campo antropológico que se debruçaram sobre o tema. A estrutura narrativa, o conteúdo e a linguagem desse livro são estímulos para que seus leitores se aventurem pelos caminhos da antropologia visual, seja na análise de iconografias seja na produção fotográfica ou audiovisual.

Este livro é um convite à reflexão sobre as imagens, mas principalmente à pesquisa antropológica a partir das imagens, apresentando aos seus leitores as potencialidades da reflexão a partir do uso da fotografia e do vídeo. Para além da antropologia propriamente dita, a etnofotografia também tem sido utilizada - com bons resultados - como método pedagógico em ambientes escolares, provocando a reflexão e a produção de conhecimento por parte dos estudantes sobre, por exemplo, as localidades onde estão situadas as unidades escolares. Essas pesquisas empíricas estreitam o relacionamento com as comunidades e o interesse dos alunos pelas culturas e problemas dos lugares onde vivem e estudam.

Os jovens são, sem dúvida, os mais envolvidos pela cultura imagética e digital na qual estamos inseridos; como já apontou Jesús Martín-Barbero, a vida juvenil atrela-se fortemente às mediações tecnológicas e ao universo imagético que compõe seu modo de vida, suas experiências e sensibilidades. As imagens têm ocupado papel central nos processos cognitivos e nas formas de abordar e narrar a vida cotidiana contemporânea e esse processo atinge os jovens de forma especial. O barateamento e ampliação do acesso às tecnologias de produção e distribuição das fotografias e audiovisuais os transformaram em ferramentas importantes nas atividades pedagógicas, nas ações de denúncia e crítica social, nas expressões artísticas amadoras e nas construções das identidades e pertencimentos. Surgem, assim, investigadores e produtores de imagens que atuam, ambos, também como construtores de conhecimento. Esse processo também contribui positivamente para a visibilização dos modos de vida, valores, afetos, relacionamentos e usos dos espaços urbanos pela população local para o olhar externo, daqueles "de fora" que buscam conhecer essa cidade e as culturas locais.

Ao final da leitura de *Antropologia visual: imagem, crítica e diferença* ficamos com a certeza de que precisamos falar de imagens, trabalhar com imagens e utilizar imagens se quisermos compreender o *Homo sapiens* e suas culturas, se pretendermos nos expressar e comunicar nossos pontos de vista, se desejarmos compreender o passado, interferir no presente e construir o futuro.

INTRODUÇÃO

Nunca estivemos tão submetidos a tamanha produção de imagens como no mundo contemporâneo. São imagens religiosoas, midiáticas, publicitárias e artísticas que representam e recriam a realidade, que indicam a existência do mundo e o simbolizam, e instantaneamente nos alcançam pelas sempre revolucionárias tecnologias comunicacionais. Das pinturas rupestres do paleolítico a imagens holográficas da contemporaneidade criamos uma civilização em que o tempo e o espaço surgem dimensionados por uma idade da imagem. Identidade e diferença tornam-se pensadas e vividas pelo agenciamento cultural de representações visuais, antropologicamente experimentadas. Novos usos e outros significados das imagens, seja como método de pesquisa seja como forma de conhecer o outro, nos impõem descobrir os percursos, os sentidos construídos e as mediações tecnológicas criadas historicamente na busca de uma compreensão visual da alteridade.

O poder da imagem e as relações de poder medidas e mediadas por ela na cultura estabelecem permanentes situações de confronto entre os povos além de reapresentar, em certos momentos, uma diferença cultural reduzida, traduzida ou conduzida por um conhecimento científico hegemônico e etnocêntrico. O campo da antropologia visual, guardadas essas observações, possibilita pensar a realidade cultural dos povos por intermédio da imagem e, em alguns casos, sua relação com a escrita. O outro, visto pela imagem, abre-se a infinitos questionamentos de ordem técnica, ética, estética e antropológica. O desafio proposto por uma antropologia visual expande-se para além dela própria.

Este livro não busca responder "O que o antropólogo vê realmente quando vai a campo?". Buscamos, no entanto, fazer um mapeamento das relações estabelecidas entre imagem/escrita e imagem/arte por saber das imbricações teóricas que cabem neste percurso. Também tivemos como propósito a análise da observação participante com o uso de imagens, a reflexão sobre filmes documentários e etnográficos e o estudo de imagens artísticas e fotográficas produzidas em diversos períodos e com finalidades distintas, devido à importância e atualidade que recaem sobre o campo da antropologia visual.

A dificuldade em selecionar imagens, atualizar análises e mapear um caminho visual num único livro se deu também pelo fato de se ter que escolher algumas produções e excluir tantas outras. Para isso, sabemos que fizemos um recorte arbitrário que desse conta de introduzir reflexões metodológicas tanto sobre a etnografia quanto sobre uma antropologia visual. Partimos, então, de uma apresentação da ciência antropológica e uma reflexão crítica e atual da etnografia, para compreender melhor a antropologia visual em imagens vindas da arte (gravura e pintura), da fotografia, do cinema e do vídeo. Também nos propusemos a elaborar uma introdução da produção visual brasileira de valor antropológico, menos por existir uma possível identidade de uma antropologia feita no Brasil, mais pelas propostas reflexivas, e algumas inéditas, que ela inaugura. Devido à imensa variedade atual de excelentes filmes e fotografias frutos das pesquisas realizadas em universidades, priorizamos aqueles que serviam ao nosso debate ou mesmo que se destacavam junto ao grande público como forma de também ampliar o olhar sobre uma antropologia da imagem.

O livro *Antropologia visual – diferença, imagem e crítica* segue, em parte, uma ordem cronológica, iniciando pelo estudo da origem da antropologia, história e autores e, na sequência, pela análise das imagens dos artistas viajantes, alcançando as imagens da fotografia, do documentário e do cinema. Seu objetivo é apresentar e refletir os sentidos e usos de uma antropologia visual ou da imagem e ainda compreender os fundamentos da etnografia clássica. Além disso, as reflexões sobre as imagens aqui apresentadas versam sobre aquelas que também não emergiram de um saber antropológico mas são de grande valor visual. Para isso, partiu-se do pressuposto de que a imagem possui uma dimensão dialógica – e ideológica – como signo que é e não se comporta como representação neutra da realidade, mesmo quando está em campo antropológico, como técnica de pesquisa. Este ponto de vista sustenta o recorte aqui feito na constituição dos assuntos e reflexões propostos.

A antropologia, ao utilizar-se tecnicamente da imagem o faz como registro, documento, diálogo e também instrumento de informação/afirmação sobre a alteridade cultural e exposição de uma realidade permanentemente representada. Se conhecer é afirmar uma verdade – entre outras – sobre a alteridade, podemos dizer então que o conhecido sobre a diferença cultural tem sido visto, de uma outra forma, pela imagem antropológica e seus sentidos construídos.

CAPÍTULO 1

ANTROPOLOGIA: A ALTERIDADE, A ESCRITA E SUA INTERPRETAÇÃO

O outro e a escrita

A diferença é uma condição humana perceptível na cultura. Os hábitos, as crenças, os costumes, as artes de outros povos constituem a imensa pluralidade de formas visuais, plásticas, sonoras, poéticas, da criatividade humana. Quando se visita outros países, é comum termos reações de surpresa com as pequenas soluções cotidianas que, por exemplo, angolanos, americanos, franceses, chilenos, ameríndios entre tantos outros povos dão aos inúmeros problemas vividos. Da educação à arte, da política à alimentação, da estatuária à música, tudo costuma ser bastante intrigante quando se olha atenciosamente esse outro estranho.

Este capítulo aborda o início de uma prática pré-antropológica quando a humanidade ocidental e europeia preocupou-se em compreender e registrar o cotidiano de diversos povos ao redor do planeta. Essa atitude contribuiu para constituir, num longo processo, uma ciência que tem por fundamento básico o entendimento do outro e suas formas de construção identitária.

Pode-se dizer que o resultado deste olhar sobre o distante somente foi possível porque num dado momento, fins do século XIX, foi criado um caminho, um método específico que garantiu a compreensão das diferenças culturais não como reflexo da identidade do sujeito pesquisador nem como traço cultural distinto do humano. A consciência da alteridade, condição primeira de nossa humanidade, ampliou-se gradativamente com o contato intercultural, mas também com o seu registro escrito, ficcional ou científico.

> A alteridade é a referência primeira e concomitante à constituição da própria identidade. O outro não é alguém posterior à configuração da pessoa, senão que constitui a condição de possibilidade para sua existência (RUIZ, 2003, p. 55).

A objetivação do olhar sobre este outro, materializado na e pela escrita foi consolidando a reflexão sobre a própria identidade na cultura. A escrita, ao separar o conhecedor do conhecido, permite uma articulação crescente da introspecção, abrindo a psique como nunca antes ao mundo objetivo externo, muito diferente dela própria, mas também do eu interior com o qual o mundo objetivo é comparado (ONG, 1998, p. 122).

Porém, a prática de registrar a vida do outro, seus costumes, arte, alimentação, parentesco, etc., não nasceu científica nem neutra. Tanto os relatos dos viajantes europeus e mesmo as pesquisas originárias do método etnográfico sempre falam de algum lugar. Nesta perspectiva, é que situamos os primeiros relatos ainda no século XVI, como veremos mais adiante, sobre os povos indígenas da América.

A antropologia, ciência do século XIX, estuda o ser humano na sua dimensão cultural buscando compreender as diversas esferas de produção de sentidos por ele criadas no solo da cultura. Não deixa de ser também uma ciência interpretativa pois o registro do campo é uma escolha simbólica impregnada do olhar do autor, do antropólogo, mesmo que coberto pelo manto da ciência.

O surgimento da antropologia

O contato entre culturas estranhas é mais antigo do que se possa esperar. Os europeus de leste a oeste, de norte a sul, já se estranhavam bem antes da Idade Média. Alexandre, o Grande, conquistou, há mais de dois mil anos, o leste da Europa chegando à Ásia e tomando à força territórios, bens materiais e povos. Chegou à Índia e ao Egito sem ter muita noção do que o aguardava.

Durante a Idade Média, vários povos europeus se trombavam numa busca incessante por riquezas e fiéis.

Marco Polo, no século XIII, ganhou notoriedade com suas viagens ao Oriente e à China e com seus inéditos relatos sobre os costumes estrangeiros. Na África e na América, há notícias de movimentação intercontinental de norte a sul, confirmando uma miríade de práticas culturais que percorreram os mais distantes e longíquos territórios, misturando valores, costumes e crenças tão plurais quanto estranhas para um observador descuidado.

Se essas misturas culturais, muitas vezes trágicas para tantos povos, foram comuns, podemos dizer que também o foram por questões de ordem moral, religiosa e mesmo imperialista. Isso porque o olhar estrangeiro sobre o outro, na maioria das vezes, foi movido por uma prática de registro que podemos chamar de etnocêntrica, ou seja, a escrita (e a imagem também) foi uma avaliação dos hábitos culturais estrangeiros feita a partir, exclusivamente, do ponto de vista de quem avaliou numa afirmação da própria cultura. Esse primeiro registro gráfico e visual da alteridade partiu de afirmações, muitas vezes, realizadas com referências a valores religiosos e morais.

Um bom exemplo, não antropológico, dessas "leituras do outro" aconteceu na ocasião da entrada dos europeus na América por volta dos séculos XV e XVI. Os viajantes navegadores, ao chegarem ao Brasil logo mantiveram contato com os chamados índios, povos nativos recém-encontrados. As primeiras histórias desse encontro foram apresentadas às cortes europeias com assombro, encanto e curiosidade. No capítulo "Do gentio que há nesta província, da condição e costumes deles, e de como se governam na paz", de seu *A primeira história do Brasil – História da província de Santa Cruz a que vulgarmente chamamos de Brasil*, o navegador Pero de Magalhães afirma:

> Esses índios são de cor baça e cabelo corredio; têm o rosto amassado e algumas feições dele à maneira de chinis. Pela maior parte são bem-dispostos, rijos e de boa estatura; gente muito esforçada e que estima pouco morrer, temerária na guerra e de muito pouca consideração. São desagradecidos em grã maneira, e mui desumanos e cruéis, inclinados a pelejar e vingativos em extremo. Vivem todos mui descansados sem terem outros pensamentos senão comer, beber e matar gente, e por isso engordam muito, mas com qualquer desgosto tornam a emagrecer. (...) São mui inconstantes e mudáveis; crêem de ligeiro tudo aquilo que lhes persuadem, por dificultoso e impossível que seja, e com qualquer dissuasão facilmente o tornam logo a negar. São mui desonestos e dados à sensualidade, e assim se entregam aos vícios como se neles não houvera razão de homens, ainda que todavia em seu ajuntamento os machos com fêmeas têm o devido resguardo, e nisto mostram ter alguma vergonha (GÂNDAVO, 2004, p. 133-135).

Observe que Gândavo usou vários adjetivos para explicar o que via: cruéis, gente esforçada, inconstantes, desonestos etc. A forma como descreve o indígena vai ao encontro da sua visão de mundo e ajuda a formar a imagem que o Ocidente aos poucos constrói dos povos não europeus. Essa alteridade, reduzida ao estereótipo, vai sendo descrita pela mentalidade seiscentista e objetivada numa escrita detalhada e apurada sobre o comportamento inconstante dos ditos selvagens. A rapidez em produzir um relato às cortes ocidentais impõe toda forma de observação que não separa o mundo de suas crenças vividas daquele mundo recém-encontrado. Logicamente, esse relato, em parte, não poderia ser muito diferente até pelo fato de que o pensamento humanista da época coincidia com essa visão e Gândavo não esteve sozinho. A moral religiosa ocidental do século XVI se impressiona com esses outros ditos "selvagens" por possuir costumes, roupas, gestos, valores tão corporalmente estranhos aos dela.

Uma outra questão importante é que esse tipo de relato não científico, obviamente, sustenta-se na suposta falta de características humanas dos povos descritos e é, às vezes, partilhado pelo conhecimento científico. A ciência, como as narrativas dos viajantes, também é uma construção simbólica, mas difere do relato na medida em que busca (sem nem sempre conseguir) neutralizar a dimensão ideológica do signo escrito, estruturando-se de forma sistemática e objetiva. Sobre isso, Eriksen concorda ao afirmar que:

> O legado dos primeiros relatos, moralmente ambíguos, continua resistente na antropologia contemporânea, e ainda hoje os antropólogos são muitas vezes acusados de distorcer a realidade dos povos sobre os quais escrevem - nas colônias, no Terceiro Mundo, em subculturas ou áreas marginais. Como no caso de Vespúcio, essas descrições são geralmente denunciadas por refletirem mais a própria formação

e experiência do antropólogo do que o povo estudado (*ERIKSEN, 2012, p.14*).

Ao longo dos séculos seguintes (XVIII e XIX), encontraremos um processo de consolidação do pensamento científico que permite nascer não somente a antropologia mas as ciências sociais como um todo. Aperfeiçoam-se métodos e técnicas de registro, de compreensão e de análise dos costumes culturais, consolidando um terreno propício para a emergência da ciência antropológica.

Em fins do século XIX e começo do século XX, Franz Boas e Bronislaw Malinowski desenvolveram um novo método de pesquisa de campo, a etnografia, capaz de oferecer um tipo de informação (e conhecimento) mais detalhada e próxima da realidade de fato dos povos então chamados primitivos. Esse registro sobre o outro será predominantemente escrito, sendo que o registro imagético (por intermédio da fotografia) ainda ocupará um lugar secundário. Em meados do século XIX, com a fotografia, e em fins do mesmo século, com a invenção do cinema, a prática de campo ganhará uma poderosa ferramenta que irá revolucionar o modo como se mostra esse outro, em seu cotidiano, suas formas de arte, seus rituais etc.

Notadamente, as primeiras imagens, produzidas pela tecnologia do cinema ainda não serão usadas pela antropologia como técnica de registro exclusiva. Elas, porém, inauguram, coincidentemente, no mesmo momento que surge a etnografia, um outro caminho para registrar visualmente a cultura material. Além disso, elas também servirão aos impérios europeus ao confirmarem uma visão de mundo tão realista quanto ideológica. O poder dessas primeiras imagens técnicas gera espanto mas também promove o nascimento de um campo específico que mais tarde se unirá à antropologia, oferecendo uma importante ferramenta para as duas formas de apresentar-representar (antropologia-cinema) o outro: os chamados filmes etnográficos.

A antropologia se consolida no século XX com as revolucionárias contribuições dos primeiros pesquisadores de campo (Franz Boas e Bronislaw Malinowski) e com o legado histórico da colonização. O registro detalhado de cada aspecto da cultura vivido pelo pesquisador em campo (Boas) e o registro sobre os usos e funções das criações culturais (Malinowski) irão fortalecer não somente a prática de campo, que ainda era uma novidade, como também possibilitarão compreender as formas simbólicas de cada grupo e suas singularidades.

Criação simbólica da realidade

A realidade existe à medida que são atribuídos a ela significados. Essa atribuição é uma ocorrência coletiva. Um grupo humano estabelece um conjunto de práticas que buscam nomear, explicar, controlar e estruturar o vivido. A este processo de significação do real chamaremos cultura.

Uma das questões centrais para os primeiros antropólogos de campo foi saber qual o sentido de um determinado hábito/costume, como a experiência vivida pelo coletivo era apreendida e por que ela ocorria de uma determinada forma e não de outra. Dito de outra maneira, a busca da singularidade cultural foi determinante não somente por especificar o que era próprio de uma tribo, seus sistemas de identificação, suas relações de parentesco, mas também por evidenciar que no âmbito da cultura tudo, absolutamente tudo, é apreendido e nunca herdado.

Os seres humanos criam arbitrariamente representações do mundo, simbologias, e isso lhes permite tanto ensinar às gerações futuras valores, crenças e costumes como ampliar o estoque de conhecimento sobre as experiências cotidianas. Com isso, cada grupo controla o significado das interpretações vividas coletivamente. A linguagem é o sistema básico simbólico por excelência que possibilita o intercâmbio dessas interpretações. É por meio dela que se vive socialmente num processo de interação e de permanente produção de sentidos. É pela linguagem que as narrativas míticas e religiosas ganham vida, recriando permanentemente novas imagens – de heróis, de deuses, de seres míticos que vão sendo incorporados e exteriorizados pela imaginação humana. "A especificidade de todas as culturas requer a linguagem como mediação primeira e universal, que possibilita a criação singular de cada forma cultural" (RUIZ, 2003, p. 193).

Ao criarem e recriarem a realidade, as chamadas sociedades de pequena dimensão informam toda uma visão de mundo muito particular, uma cosmovisão, como acontece com as tribos ameríndias brasileiras, que estruturam a cultura de modo singular. Seu arcabouço de mitos e crenças sustenta uma organização social complexa, fortemente integrada à natureza e com ela estabelece uma identificação permanente e interativa. Cada cultura mantém-se ligada a um código e, para compreendê-lo, é indispensável que o antropólogo estabeleça um contato muitas vezes não muito curto e com métodos apropriados para o conhecimento dos significados por ela partilhados. Toda realidade é situada culturalmente sendo que o real não existe de forma objetiva para ser exposto, mas é uma construção do olhar e do método que utiliza o antropólogo, sendo a captura dessa realidade sempre algo "subjetivo", traduzido pela linguagem escrita (ou imagem) e externa ao grupo. O mundo existe enquanto um lugar organizado de sentidos. Esses sentidos são vistos, descritos e interpretados pelo antropólogo.

A realidade construída – e reconstruída

Podemos dizer que a realidade existe à medida que é simbolizada, ou seja, é atribuída uma infinidade de significados distintos pelos grupos, não havendo uma mesma forma, sempre idêntica, de estar no mundo. A realidade é sempre uma construção coletiva, pela e na linguagem, tendo em vista os interesses e o poder do grupo que a constitui. Também toda representação visual de uma cultura, como a feita pelo cinema e fotografia, por exemplo, é, no muito, uma imagem próxima daquela realidade mas nunca exatamente a realidade, tal qual vivida pelo grupo. As culturas são singulares, plurais e dinâmicas e distinguem-se da temporalidade tecnológica que as identificam pela semelhança icônica fazendo crer serem permanentes. Todas as imagens feitas do outro recortam um momento específico captado pelo contato cultural entre o outro e o olhar do estrangeiro, sendo que essa visão da diferença é histórica e ideológica.

A aproximação/contato intercultural nem sempre foi tranquila. A chegada dos europeus à América, África e Ásia foi muitas vezes seguida por um discurso e por práticas colonizadoras etnocêntricas como se lê nos relatos dos navegadores e nas imagens criadas. O que foi mostrado às sociedades europeias, por imagens e relatos, que veremos no capítulo 3, pelos conquistadores sobre os povos ditos primitivos, na maioria dos casos, não correspondeu às práticas culturais dos ameríndios, apesar de serem apresentadas como verdadeiras, registradas pelo estar-lá dos navegadores. Da mesma forma, as imagens produzidas pela fotografia e pelo cinema no século XIX – assim como os relatos, gravuras e pinturas que os viajantes fizeram antes disso – ajudaram a recriar, novamente, um discurso imperialista sobre os povos não ocidentais, tendo em vista que virão carregadas de olhares eurocêntricos sobre essas alteridades. Mesmo que essas imagens sejam importantes fontes documentais, elas precisam ser vistas com reservas e distanciamento necessários. A imagem/acontecimento fixada pela lente da câmera, pela gravura ou fotografia, somente existe naquela situação cultural e nunca fora dela, pois o que ela faz é reconstruir, ao seu modo tecnologizado, a realidade do vivido na aldeia.

Com a criação de novas metodologias de coletas de dados, in loco, os antropólogos reduzirão o *gap* representacional disponibilizando agora novos modelos de aferição da realidade vivida, mais testemunhais da visita de campo, por intermédio de uma observação participante. Sem dúvida a imagem técnica será um importante fator constituinte das novas leituras da cultura. A etnografia será o método próprio para a compreensão mais isenta, mas não neutra, dos códigos culturais existentes ao redor do planeta e para uma descrição densa, em escrita e imagens, sobre os mais diversos costumes, crenças e valores. Aos poucos, vamos conhecendo outros povos e outras culturas que terão suas práticas, hábitos e valores reconstruídos pelo relato antropológico e (re)apresentados novamente a milhares de quilômetros de distância dali.

O registro do campo como recorte etnográfico

Foi com Malinowski e Boas que a pesquisa em campo destacou-se como uma forma específica de se chegar ao outro a partir da imersão do pesquisador em campo. A clássica obra de Malinowski – *Os argonautas do Pacífico Ocidental* – foi precursora na criação de um método ainda inédito de registro escrito sobre a vida cotidiana daqueles povos pesquisados no extremo da Ásia, junto às Ilhas Trobiands. Sua forma de coletar dados exigiu do pesquisador um contato direto com o povo pesquisado. Malinowski destacou a importância da coleta de dados e o papel do pesquisador nesse momento. Segundo ele, os resultados da pesquisa científica, em qualquer ramo do conhecimento humano, devem ser apresentados de maneira clara e absolutamente honesta. Isso porque a pesquisa concretiza-se com a exposição do material coletado, transportando para outro lugar, para outras pessoas, aquelas informações colhidas alhures.

A ética na pesquisa diz respeito tanto à fidelidade, à autenticidade do que se está escrevendo sobre uma dada cultura, como também ao cuidado que o pesquisador deve ter em não se projetar nesses dados, ou seja, não encontrar no outro aquilo em que ele se identifica ou espera que o outro seja. Afirma Malinowski:

> O objetivo fundamental da pesquisa etnográfica de campo é, portanto, estabelecer o contorno firme e claro da constituição tribal e delinear as leis e os padrões de todos os fenômenos culturais, isolando-os de fatos irrelevantes. É necessário, em primeiro lugar, descobrir-se o esquema básico da vida tribal. Este objetivo exige que se apresente, antes de mais nada, um levantamento geral de todos os fenômenos, e não um mero inventário das coisas singulares e sensacionais - e muito menos ainda daquilo que parece original e engraçado. Foi-se o tempo em que se aceitavam relatos nos quais o nativo parecia como uma caricatura infantil do ser humano. Relatos desse tipo são falsos - e, como tal, a ciência os rejeita inteiramente. O etnógrafo de campo deve analisar com seriedade e moderação todos os fenômenos que caracterizam cada aspecto da cultura tribal sem privilegiar aqueles que lhe causam admiração ou estranheza em detrimento dos fatos comuns e rotineiros. Deve, ao mesmo tempo, perscrutar a cultura nativa na totalidade de seus aspectos. A lei, a ordem e a coerência que prevalecem em cada um desses aspectos são as mesmas que os unem e fazem deles um todo coerente (*MALINOWSKI, 1976, p. 28*).

O polonês Malinowski será um dos primeiros pesquisadores a perceber a importância da escrita etnográfica para a produção de conhecimento e a responsabilidade dessa produção para com os povos pesquisados. A percepção do autor é clara do que não apenas deve evitar o pesquisador, mas também do que ele deve fazer em campo. O que é importante? O que deve ser rejeitado e incluído na pesquisa? O etnógrafo deve evitar se envolver a ponto de buscar no outro os "fenômenos que lhe causam admiração ou estranheza", diz.

A compreensão total da cultura é fator determinante dessa atividade, suas contradições, sua dinâmica própria, sua organização social como um todo coerente. Tudo em campo é importante e precisa ser ponderado antes de apressadamente avaliado e julgado conforme os padrões do pesquisador. O registro etnográfico então, será aquele "produto" que informa, da maneira mais integral possível, a realidade a qual o antropólogo conheceu e testemunhou. Sobre isso Malinowski ainda diz:

> Nossas considerações indicam que os objetivos da pesquisa de campo etnográfica podem, pois, ser alcançados através de três diferentes caminhos:
>
> 1. A organização da tribo e a anatomia de sua cultura devem ser delineadas de modo claro e preciso. O método de documentação concreta e estatística fornece os meios com que podemos obtê-las.
>
> 2. Este quadro precisa ser completado pelos fatos imponderáveis da vida real, bem como pelos tipos de comportamento, coletados através de observações

detalhadas e minuciosas que só são possíveis através do contato íntimo com a vida nativa e que devem ser registradas nalgum tipo de diário etnográfico.

3. O corpus inscriptionum - uma coleção de asserções, narrativas típicas, palavras características, elementos folclóricos e fórmulas mágicas - deve ser apresentado como documento da mentalidade nativa (*idem, 1976, p. 37*).

Resumidamente, Malinowski atesta que a clareza na exposição detalhada e as circunstâncias da produção dos fenômenos culturais são os objetivos da pesquisa que se quer etnográfica. Aqui o registro escrito inaugura a modalidade da pesquisa em campo, por intermédio da observação participante. Sobre a imagem, nada diz.

Para o que nos interessa do texto de Malinowski, vale compreender quão importante é esse tipo de prática de trabalho de campo que exige do etnógrafo um cuidado maior com as questões de registro dependendo de um amplo repertório vocabular para se aproximar do real recortado. O que é apresentado é uma versão entre tantas outras que existem em campo e esse documento não deve ser visto separadamente de quem o produziu, ou seja, seu autor.

Franz Boas, fundador da tradição da antropologia cultural americana, define seu método a partir da noção de cultura. Para ele, no campo nenhum detalhe deveria passar despercebido. Na obra *Arte primitiva*, afirma que para se compreender a arte de um povo é necessário o contexto, e o contexto é aferido na pesquisa de campo. "O trabalho de campo realizado por Boas era em geral uma atividade de grupo não pressupondo um indivíduo sozinho sujeito a uma imersão contínua e prolongada no campo" (Eriksen, 2012, p. 53). Apesar de fundarem correntes opostas, aquele o paradigma funcionalista, este o paradigma cultural, ambos são claros ao reportar o trabalho de campo para compreender a cultura e a escrita, a forma por excelência desse registro.

A chave de leitura da realidade proposta pela etnografia e a maneira de acessar o real cultural será acrescida de um novo realismo documental, mas em outra linguagem, com a chegada do cinema. O "cinema da palavra", como é conhecido o filme etnográfico, acaba por privilegiar as narrativas dos personagens inseridos em contextos de vida que determinam mais o sentido da vida de um grupo do que propriamente o que se diz sobre ele, ou seja, seu conteúdo.

Assim, o encontro do método etnográfico com a imagem em movimento, o cinema, produzirá um importante campo de estudo e uma prática de registro visual e audiovisual que ainda hoje oferece um excelente material de pesquisa para cineastas e documentaristas. O cinema etnográfico, como veremos adiante, nasce e é sobretudo descritivo.

Escrita e imagem reconstróem a realidade e ambas guardam diferenças, pois enquanto a escrita busca arbitrariamente simbolizar a experiência vivida, descrevendo-a, o filme, enquanto imagem em movimento, recria a realidade apresentando-a iconicamente com aparência de verdade. Para Novaes:

> Filme e texto são não apenas processos de conhecimento, mas, igualmente, processos de comunicação. Se as palavras do texto articulam a realidade, as ima-

gens devem expressá-la. Mas estas diferenças se anulam porque, por outro lado, para que um filme seja inteligível e explicativo ele deve se distanciar de sua presença intrínseca estabelecida pela insistência da imagem em estar lá. Já a escrita luta com sua intrínseca ausência, fazendo tentativas de diminuir a distância imposta entre o texto e o "Outro", chegando a um entendimento sensitivo do que significa estar lá. Para resolver estes problemas o texto etnográfico procura evocar uma sensação de presença através de imagens – fotos, por exemplo, ou através de metáforas e imagens mentais. Já o filme distancia-se da realidade que está sendo mostrada seja através da voz do narrador, seja através de cartelas explicativas. Outro grande recurso do discurso fílmico, como bem o mostrou Eisenstein, é a montagem, que permite a "exposição coerente e orgânica do tema, do material, da trama, da ação, do movimento interno da sequência cinematográfica e de sua ação dramática como um todo" (*NOVAES, 1998, s. p..*).

A compreensão deste campo de estudo ainda novo, a antropologia da imagem, e do imbricamento entre escrita e imagem, apoiado na etnografia das culturas, faz emergir uma forma visual de compreensão do real. Como diz Novaes, as palavras e as imagens são elementos constitutivos do processo verbal e visual de representação. Essa representação é resultado de um processo de pesquisa que tem como princípio um estudo de campo e um campo inédito tanto para a antropologia quanto para o cinema.

A escrita da experiência

O surgimento da antropologia enquanto ciência deveu-se ao seu método, a etnografia, que propôs uma escrita metodológica da experiência. Sabemos hoje que o entendimento da realidade de um grupo por um pesquisador é algo complexo e exige, entre outras coisas, um registro o mais detalhado possível sobre essa realidade. No caso, desse registro da alteridade emerge uma escrita da experiência.

Os dois primeiros pesquisadores de campo pais da antropologia, Franz Boas e Bronislaw Malinowski, valeram-se tanto de uma experiência em campo quanto de outro modo de se observar a alteridade. A importância do registro escrito das culturas foi determinante para a compreensão da pluralidade da vida humana. Além disso, o uso de um registro visual, ao longo do século XX, e não apenas como auxílio da escrita, irá revolucionar não somente essa prática de observação em campo como também o próprio resultado do que se afirma sobre o outro.

A experiência no campo será determinante para o que dele vier a ser escrito, as afirmações e interpretações feitas e as explicações dadas também. Escrita e imagem organizaram no século XX toda a arquitetura teórico-metodológica da prática antropológica. Se no começo a imagem foi posta como algo secundário por muitos pesquisadores, ainda que utilizada por eles, com o tempo ela alcançará um lugar de destaque para a ciência assim como a etnografia influenciará na forma de se fazer cinema.

A imagem, essa forma significante do real, ganha destaque ainda no século XVI com as narrativas dos viajantes europeus. De lá para cá ilustrou um pensamento, um discurso, uma prática que ainda pede explicação. A antropologia visual abre-se a esse mundo visto e por ele também é observada.

CAPÍTULO 2

ANTROPOLOGIA VISUAL: ORIGEM E CARACTERÍSTICAS

O outro pela imagem

O campo de estudo chamado antropologia visual (ou da imagem) data do século XX, quando começaram a aparecer as imagens de campo realizadas por antropólogos, ou seja, o processo de documentação visual das realidades sociais pesquisadas.

Ainda que a imagem tenha sido usada para fins de pesquisa bem antes disso pela própria antropologia no século XIX e, anteriormente, desde o século XVI por viajantes navegadores, como veremos no próximo capítulo, notamos que a estruturação teórico-metodológica das pesquisas com registro técnico de imagem é mais recente. Assim, podemos dizer que a antropologia visual utiliza-se de suportes imagéticos (desenhos, fotografias, vídeos, cinema) para compreender práticas culturais específicas. Contudo, estamos trabalhando aqui com um acervo de imagens visual nem sempre produzido por antropólogos em suas pesquisas de campo e que se mantêm ligadas tanto à antropologia quanto à arte.

A escrita foi a tecnologia inaugural da prática antropológica como característica fundante da descrição do campo, enquanto a imagem foi por algum tempo vista apenas como uma técnica auxiliar das pesquisas. Porém, seu caráter icônico ofereceu desde o início muito mais que uma técnica de registro mas uma nova forma de trabalhar com a representação do outro, além de produzir um novo tipo de conhecimento.

Os primeiros filmes de valor etnográfico, todavia, não nasceram como fruto de um registro especificamente antropológico, ou seja, não se fundamentaram num processo de pesquisa propriamente dito, ainda que tenham sido frutos da prática de campo. O cinema de cunho documental muito irá beber na fonte da prática antropológica, assim como os antropólogos cineastas se valerão da tecnologia fílmica para redimensionar seu trabalho em campo.

Este outro, visto na imagem e pela lente da câmera, transforma-se, reapresentado pelo olhar de um estranho que busca a verdade dos fatos, ainda que mostre acontecimentos realizados pela representação tecnológica. Com isso, a observação direta própria da prática antropológica e a observação fílmica, e fotográfica, intercambiarão sentidos que fortalecerão o campo da antropologia visual.

Antropologia visual - percurso da imagem

A prática de registrar o outro, sua cultura, o modo de se alimentar, morar, organizar seu cotidiano, suas práticas religiosas e sua estrutura familiar não surgiu recentemente. Os relatos dos viajantes escritos ainda no século XVI já explicitavam uma grande curiosidade sobre uma alteridade em tudo diversa, como falamos no capítulo anterior. Se essa escrita causou espanto pelos inúmeros adjetivos empregados pelos navegadores, com as imagens, inicialmente, desenhos, pinturas e gravuras, não foi mais tranquilo. Há mais de quatro séculos encontramos as primeiras imagens produzidas sobre os nativos da América, destacando os costumes e valores de povos desconhecidos. Imagens de índios foram as mais abundantes pelo fato de se apresentarem em tudo distintas da verdade canônica ocidental e também por interesses os mais diversos.

Obviamente, essas primeiras imagens dos artistas viajantes, entre os séculos XVI a XIX, se por um lado não caracterizam um método de estudo e pesquisa próprio da antropologia, por outro também não podem ser desprezadas por ela. Representados por um pensamento não etnográfico, os desenhos, as gravuras e as pinturas mostram esse outro estranho numa perspectiva eurocêntrica, ou seja, discursivamente em conformidade com a ideologia colonizadora, sem o distanciamento próprio de uma técnica de registro científica, absolutamente impossível para a época.

Contudo, essa produção apresenta um importante valor antropológico na medida em que mostra a peculiaridade cultural dos povos observados, futuramente colonizados, mesmo que ainda não traga tudo aquilo que seus autores não reconheciam como humano, destacando apenas os aspectos que mais confirmavam sua visão de mundo, como analisaremos no capítulo seguinte. Seja pelo viés descritivo ou narrativo, ou pelo conteúdo ideológico, as imagens inundaram o imaginário ocidental, alimentaram o exotismo sobre o outro e perturbaram profundamente os costumes europeus vigentes à época.

A imagem do outro (seu corpo e sua realidade) feita pelos viajantes trouxe para a reflexão das artes e também das ciências as primeiras investigações estéticas, éticas e culturais do grupo representado. Com a fotografia, e mais ainda com as imagens em movimento, ao longo do século XX, encontraremos uma infinidade de registros imagéticos, fotográficos e videográficos como suporte da prática antropológica, ou seja, uma técnica de campo que permitirá ampliar a forma de seu registro sobre as práticas culturais e abrirá uma nova subárea de estudo.

As imagens fotográficas e cinematográficas impuseram um dinamismo próprio à pesquisa em campo diferente da escrita-etnográfica clássica. Com elas, pelo menos quatro questões se colocaram.

A primeira, de ordem teórica, evoca o caráter indicial e icônico do registro e, com isso, abre-se a um processo de interpretação. A imagem evidencia, por questões que lhe são inerentes, um efeito de realidade de que a antropologia não pode fugir, qual seja a dimensão de prova, testemunho, vestígio que ela supostamente mostra da vida dos seres gravados, a partir de seus enquadramentos, ângulos, duração dos planos etc. Todas as técnicas visuais e audiovisuais disponíveis ao antropólogo são carregadas de uma autonomia da realidade e produzidas pela observação em campo.

A segunda questão, de ordem metodológica, também reafirma a necessidade de se conhecer a comunidade estudada anteriormente ao registro, não se autorizando somente uma gravação indiscriminada da vida cotidiana. Exige-se do antropólogo-cineasta que seja um acompanhador do tempo vivido do outro, já que a pessoa/povo visualizado possuem soluções culturais próprias e por eles determinadas e que não se mostram descuidadamente. Rosenffeld informa que esse conhecimento e registro prévio (pro-fílmico) da comunidade é fundamental, visto que prepara o registro fílmico.

> À observação do sensível filmado (a imagem fílmica), fase final e repetível da observação fílmica, corresponde uma observação prévia do registro que qualificaremos de pro-fílmica (Etiene Souriau). A observação pro-fílmica delimita, do real, o sensível reproduzível que poderá se deixar ver e ouvir através do filme, isto é, o mostrável fílmico. A observação pro-fílmica tem por finalidade preparar a observação fílmica: suas orientações e procedimentos metodológicos, bem como suas estratégias de *mise en scène* – delimitações, ocultações, camuflagem, sublinhamentos, esfumamentos no espaço e no tempo (*ROSENFFELD, apud France, 2000, p. 50*).

A terceira questão é de ordem deontológica e indaga sobre o que pode ser mostrado, que situações podem ser gravadas, pois nem todas as práticas culturais podem ser vistas por todos e ainda assim, quando podem, nem sempre se mostram como de fato se constituem. Existe então uma ética tanto na produção quanto na reprodução das imagens que muitas vezes não se correspondem.

Por fim, a última reflexão implica as possibilidades e os limites da própria tecnologia de produção desta realidade pela lente da câmera que permite, pelos recursos que dispõe de, selecionar o recorte desejado, ampliando ou reduzindo a reprodutibilidade do vivido. Podemos dizer que as limitações da tecnologia serão determinantes nesse mapeamento do real.

Se a etnografia clássica já se deparou com problemas parecidos, com a antropologia visual a questão é ainda mais aguda pelo próprio fato de a representação indicial e icônica, e seus desdobramentos, terem o poder de "construção de verdade" que a imagem apresenta. O controle da representação da imagem do outro fica sob a custódia do antropólogo.

Filme etnográfico – origens

A produção de filmes etnográficos, no período que podemos classificar como heroico da filmografia antropológica, obedeceu a uma necessidade de se gravar e mostrar o "movimento movendo-se", em outras palavras, de trazer à imagem fílmica o ambiente da cultura, seus acontecimentos singulares, as experiências coletivas do grupo em suas temporalidades espaciais únicas.

No tempo do documentário mudo ou pós-sincronizado, a ênfase foi colocada sobre aquilo que era mais diretamente acessível à observação visual. O campo do filme etnográfico limitou-se, assim, àquilo que se chamaria de a base clássica da disciplina: a descrição da ação do homem sobre o meio ambiente (técnicas materiais), tal qual o filme e *The hunters*, de John Marshall (1956) é um ótimo exemplo; os rituais cotidianos ou cerimoniais de ação do homem sobre os deuses (danças, sacrifícios etc.), dos quais são testemunhas os filmes de Marcel Griaule (por exemplo, Sous les masques noirs, 1938); as técnicas de ação sobre o corpo, ou "técnicas do corpo", tal como as filmaram Margaret Mead e Gregory Bateson em Trance and dance in Bali (1936-1938). A expressão verbal, quando ela existia, era açambarcada por um comentário exterior às pessoas filmadas, cujas palavras eram transcritas ou então gravadas posteriormente ao registro das imagens (FRANCE, 2000, p. 23).

À medida que a antropologia se constituía como ciência do outro, consolidava-se a utilização de métodos e técnicas de registros de campo, sendo a escrita a linguagem por excelência legitimadora desse período. A linguagem escrita vai se tornando a garantidora metodológica da prática da pesquisa em campo, certificada pela observação direta.

Os adventos da fotografia e, na sequência, do cinema possibilitaram a ampliação de novas técnicas além da escrita e impuseram ainda seu estudo. Com isso, os antropólogos em campo valeram-se de novas tecnologias fílmicas para produzir filmes de investigação. Felix-Louis Regnault foi o primeiro pesquisador a usar o filme na pesquisa antropológica. Em 1895, Regnault filma uma mulher senegalesa para a Exposition Ethnographique de l'Afrique Occidentale, em Paris. Essa data é tida por muitos pesquisadores como o início do uso da câmera para além da ficção, mas também, como recurso para a pesquisa etnográfica.

O que se observa é que, enquanto no cinema de ficção tradicional a câmera ainda permanecia presa no estúdio, começam a surgir novas experiências como *Nannok* (1922), de Flaherty, e encontramos uma nova experiência cinematográfica que muito contribuirá especialmente para o cinema documental a partir de uma prática de investigação em campo com a câmera.

Ao longo do século XX, perceberemos uma orientação da lente fílmica que não mais olha apenas o mundo, mas sim dentro dele, como quer a antropologia. Antropologia e cinema promovem um intercâmbio entre a prática de campo e a experiência audiovisual de forma a embaralhar as fronteiras entre o que chamamos de filme etnográfico e cinema documental, como veremos mais adiante.

No campo da antropologia, Marcel Griaule será o etnólogo que inaugura a técnica de registro fílmico.

> Sua obra *Masques dogon* (1938), primeira tese de doctorat ès-lettre em etnologia defendida na França, contém, além de um disco, uma descrição dos ritmos de danças fúnebres elaborada graças à superposição

de uma pauta musical que transpõe os ritmos das percussões e de fotogramas desenhados a partir de seu filme Sous les masques noirs (*LOURDOU, 2000, apud France, p. 101*).

Lourdou aponta que Griaule foi realizador de seus filmes mas não captador de imagens. A percepção da importância da câmera para as pesquisas etnográficas logo se fará notar, uma vez que por intermédio desse registro imagético, da observação fílmica, será possível descobrir o que através da observação direta somente se deteria aos fenômenos mais evidentes, que se destacam no campo do olhar e que sem a lente da câmera passariam desapercebidos. O filme torna-se, com o tempo, a única memória daquela cultura, mantendo-se como transmissor da vida coletiva gravada, quando não mais existirem testemunhas.

Principais obras fílmicas

Pensar uma cronologia das principais e primeiras obras fílmicas e documentais é sempre difícil, devido também ao caráter fronteiriço entre documentários e filmes etnográficos. Observamos, assim, que a produção documental e antropológica nasce simultaneamente na medida em que também o cinema vai se apropriando das técnicas de campo da antropologia.

Sabemos que nos festivais de filme etnográfico têm sido sempre presentes obras como o clássico *Nannok* (de

Flaherty) do cinema documentário. O ineditismo de *Nannok* assenta-se na forma como seu diretor faz sua imersão no ponto de vista do nativo, na sua vida cotidiana. Ainda que com algumas ressalvas, como apontaremos no capítulo 5, é inegável o valor antropológico da obra que chega ao público no mesmo ano de *Os argonautas*, de Malinowski. Abaixo apresentamos algumas obras importantes e suas datas de lançamento:

The land of the head hunters – Edward Curtis – Canadá (1914)
Rituais e festas Bororo – major Tomaz Reis – Brasil (1917)
Nannok of the North – Robert Flaherty – EUA (1922)
O homem com a câmera – Dziga Vertov – URSS (1928)
Ao redor do Brasil – major Thomaz Reis – Brasil (1932)
Trance and Dance in Bali – Margaret Mead e Gregory Bateson – EUA (1936-1938)
Masques dogon – Marcel Griaule – França (1938)
Les maîtres fous – Os mestres loucos, Jean Rouch – Gana (1955)

A partir da década de 1920, ocorreu uma maior popularização do filme etnográfico, que também passa a ser utilizado no ensino de antropologia e apoiado por museus e universidades. No Brasil, os primeiros filmes etnográficos datam da década de 1930. *A missão de pesquisas folclóricas*, expedição chefiada por Luís Saia nos estados do Norte e Nordeste do Brasil, em 1938, é referência obrigatória da obra de Mário de Andrade (MONTE-MOR, IX Mostra de Filme Etnográfico, 2009, p. 24).

Em 1952, é criado em Paris o Comitê Internacional do Filme Etnográfico (CIFE). Aos poucos, o filme etnográfico vai ganhando reconhecimento científico como parte da prática de pesquisa de campo, e amplia-se o número de festivais desses filmes ao redor do mundo.

Com o fim da II Guerra Mundial e com o período de descolonização da Ásia e África, também se nota um alcance político dessa produção, além de se estabelecer outras posturas metodológicas, notadamente com Jean Rouch que instaura um novo paradigma, destacando uma maior comunicação entre o filme, a imagem fílmica e o homem filmado.

A observação fílmica e os filmes etnográficos

Nesse momento, que podemos chamar de inaugural da antropologia visual, vemos emergir duas questões pertinentes. Primeiramente, aquilo que é próprio, a problemática conceitual, ou seja, a definição dos termos, os conceitos e as práticas. Uma vez que o cinema documental, apoiado no registro do real, roteirizado *a priori*, em busca de uma tese que sustentasse a visão de seu diretor, já se encontrasse com um público cativo e claramente estabelecido, pós-*Nannok,* o filme etnográfico ainda carecia de estudos que estabelecessem as regras teóricas e metodológicas desse novo objeto utilizado em campo pelos antropólogos-cineastas. Isso porque, na metade do século XX não eram poucos os filmes, e fotografias, utilizados como preciosa técnica de pesquisa antropológica. André Leroi-Gourhan, de acordo com Lourdou (*apud* France, 2000, p. 108), no artigo de 1948 *Le film ethnographique existe-t il?*, apresenta a distinção dos registros fílmicos como "filme de pesquisa", o "filme documentário público", também chamado de filme de exotismo ou filme de viagem e o "filme de ambiente", que não tem intenção científica e que possui caráter de exportação. Essa conceituação nos insere no terreno do filme de pesquisa, "por um lado, em 'notas cinematográficas', a 'exemplo das páginas arrancadas de um caderno de campo'; por outro, em um 'filme organizado', 'feito como filme comercial'" (*idem*, p. 109).

Em segundo lugar, estabelece-se a clara divisão entre a observação direta, que tem sustentado há mais de um século a etnografia clássica, oriunda da imersão em campo, e a observação fílmica consequente do uso da câmera como registro metodológico, tendo a linguagem escrita como paradigma.

Além de a observação fílmica apresentar características que lhe são peculiares, também a apreensão da imagem sensível depara-se com restrições das mais diversas. Segundo France (2000), essas restrições, circunstanciais, lhe são próprias e inevitáveis como aquelas impostas pela própria tecnologia dos instrumentos, e ainda as advindas das aspirações ideológicas por parte do destinatário, e por fim as proibições oriundas das pessoas filmadas.

A imagem, pictórica, fotográfica ou fílmica, como ícone semiótico, confunde-se com o próprio referente, o que lhe garante, como já dito, um grau de realismo bastante privilegiado em comparação com a escrita. Longe de ser neutra e mesmo por possuir uma aparência de verdade, para a antropologia visual ela é produto de uma observação em campo que rompe com o ordinário, com o comum sensível. A observação fílmica se estabelece a partir de uma continuidade que não é própria da observação direta. France, ao falar sobre os procedimentos de descrição visual, explica:

> Em que consiste, nesse caso, a continuidade descritiva? Consiste na restituição aproximada do encadeamento dos gestos e das operações, sem pré-julgamentos dos momentos-chave (tempos fortes), e na apreensão quase permanente daquilo que chamei, em outra ocasião, de polo operatório da ação material – espaço privilegiado (FRANCE, 2000, p. 33).

Essa observação do mundo sensível pela imagem fílmica permite ao antropólogo-cineasta se deter naquilo que a olho nu não conseguiria, ou perceberia, pelo próprio caráter irrepetível dos momentos-chave, tempos fortes, da ação humana em seu polo operatório, e também lhe concede condições privilegiadas de registro em campo.

O que a observação fílmica alcança de resultado é um registro desse mundo sensível, mostrando os sujeitos em suas relações cotidianas estabelecidas de forma a não refletirem para a câmera sobre suas práticas mas flagrados nos atos diários que constituem sua cultura.

Finalmente, podemos argumentar que a profusão de imagens criadas pelos antropólogos-cineastas deve ser vista, como já dissemos, como método de pesquisa de campo, mas também como parte de um longo processo de reflexão antropológica que oferece uma nova forma de ver a cultura e construir conhecimento sobre ela, além de produto cultural próprio para a compreensão da dimensão humana, seus discursos, seus sujeitos.

Essas imagens não se afirmam como uma verdade absoluta sobre a cultura, sobre o outro, mas participam de um processo, de uma pesquisa em constante questionamento desde sua produção até seus resultados. Longe de finalizar afirmativamente qualquer representação, elas inserem outras possibilidades de compreensão, inclusive a validade de sua própria observação.

Antropologia visual – a reflexão pelo olhar

O campo, ou ainda a disciplina antropologia visual, surgiu no século XX quando começaram a aparecer fotografias e filmes oriundos das pesquisas realizadas in loco. Essas imagens, imediatamente, foram percebidas como um importante campo de estudo acadêmico à medida que elas forneciam preciosas informações sobre as práticas culturais das mais diversas, além de serem também um precioso objeto de investigação para a antropologia.

Por características que lhes são peculiares, tais imagens – fotografias e filmes – apresentaram-se como um

importante objeto de trabalho tanto para os antropólogos-
-cineastas como para as pesquisas posteriores. Além disso,
outras questões, como vimos, de fundamento teórico, metodológico, deontológico e técnico também se colocaram
seja como consequência do fazer antropológico clássico,
seja a partir de novas imbricações semânticas, políticas e
éticas que suscitaram.

Durante o século XX, a tecnologia fílmica será uma
importante aliada nas mãos de um pesquisador que não
olha apenas o mundo, mas também de dentro dele. Contudo, cabe-nos ainda propor outra reflexão, inicial, sobre a
vasta produção imagística dos viajantes e artistas navegadores e os discursos que veicularam alguns séculos antes.

CAPÍTULO 3

ARTISTAS-VIAJANTES E A CONSTRUÇÃO DA IMAGEM DO OUTRO

As primeiras imagens criadas datam do período paleolítico. Naquele tempo, as paredes das grutas e das cavernas serviram de suporte para as mais variadas representações da realidade. Essas imagens inaugurais pintadas nas rochas eram registros visuais de experiências vividas. Seja como instinto de imitação, como ornamentação, para comunicar um pensamento, com finalidade de rituais mágico--religiosos ou culto à fecundidade, de acordo com estudos contemporâneos, toda essa produção mantinha uma forte ligação com as práticas cotidianas dos grupos. Impregnadas de significados de valor indicial, essas imagens na atualidade são de grande importância para a arqueologia, para a história da arte e para a antropologia.

As informações que temos sobre o mundo e as crenças que orientam nossas ações, pensamentos e sentimentos interferem no modo como enxergamos a realidade e como a representamos. As imagens, como signos que são, foram e são criadas para trazerem à mente de quem as olha um presente já ausente e como linguagem fazem parte de um processo de (re)construção da realidade, sendo sua reapresentação.

Nesse sentido, a produção visual dos antropólogos, além de comprovar sua estada naquele lugar, ainda registra o acontecimento por eles visto e interpretado cientificamente. Ela não congela a vida, mas captura o instante vivido pela ótica de quem a fez. Originária das viagens, visitas e imersões em campo ela documenta o que foi visto, mas também deixa entrever o pensamento, as ideias, as relações de poder estabelecidas interculturalmente.

Longe de selarem uma verdade sobre o outro, as imagens (de artistas e de cientistas) abrem caminho para se compreender a aproximação acontecida entre povos ainda estranhos. Entender a lógica que atualiza os sentidos produzidos pelas imagens e os significados construídos socialmente nos ajuda também a compreender as relações de poder assimétricas existentes entre as culturas ao longo do tempo.

Estética e etnografia

No clássico *Manual de etnografia*, Marcel Mauss, nos idos das décadas de 1930 e 1940, quando alguns dos mais significativos trabalhos de campo tinham sido publicados, apresentou as notas das "Instruções de etnografia descritiva", oriundas de seus cursos na École Pratique des Hautes Études, no Collège de France, no Institut d'ethonologie, criado em 1925, em Paris. A publicação não poderia aparecer em outro momento, tendo em vista que alguns dos antropólogos mais conhecidos confirmavam, pelos trabalhos realizados in loco, a particularidade cultural de povos da Ásia, África e América, ainda não conhecidos na Europa.

Sem dúvida, o abalo teórico-metodológico não poderia vir de outro lugar senão daquele proposto pela investigação realizada pela observação direta, em campo, em contato imediato com a alteridade a ser descrita. Mauss (1993, p. 23) descrevia as dificuldades chamadas por ele de subjetivas como "Perigo da observação superficial. Não 'acreditar'. Não acreditar que se sabe por que se viu; não fazer nenhum julgamento moral. Não se admirar. Não se irritar. Procurar viver na e da sociedade indígena". Mais adiante, deixava claro que a objetividade deveria pautar a pesquisa. O acreditar, pelo "estar-lá", não poderia legitimar a pesquisa pela simples presença no local. O critério de registro dos acontecimentos culturais não pode se ancorar, tão somente, na presença do antropólogo.

> Os etnógrafos precisam convencer-nos não apenas de que eles mesmos realmente 'estiveram lá', mas ainda - como também fazem, se bem que de modo menos óbvio - de que, se houvéssemos estado lá, teríamos visto o que viram, sentido o que sentiram e concluído o que concluíram (*GEERTZ, 2009, p. 29*).

Contudo, a experiência etnográfica funda-se mesmo nas observações colhidas *in situ* e registradas pela escrita e pela imagem sistematizadas pelo pesquisador. Toda a vasta produção antropológica a que hoje temos acesso é originária dessas 'imersões' mais ou menos duradouras na cultura estudada. O critério da objetividade levantado por Mauss, porém, cientificamente falando, não pautou as viagens dos missionários, administradores coloniais, artistas viajantes, entre os séculos XVI e XIX. Seu valor antropológico apresenta-se fundamentalmente para o aprofundamento do olhar sobre as primeiras imagens a que temos acesso, sobre esse novo outro desenhado em aquarelas, gravuras, lápis, nanquim etc. e que oferece um vasto campo de estudo para antropologia visual. Seu caráter pitoresco e ideológico ou seu alinhamento estético às correntes artísticas europeias se distanciam da descrição científica, a tal objetividade mencionada por Mauss, ainda que sejam já um prenúncio da prática de campo de um observador in loco, por qual motivo for.

A etnografia da estética, se assim podemos chamar toda a descrição gráfica e visual, compreenderá a observação presencial das chamadas artes plásticas, do adorno, da ornamentação de objetos, da música, da dança, do canto, da poesia e da prosa, conforme elenca Mauss. Segundo ele,

> Os fenômenos estéticos formam uma das maiores partes da atividade humana social e não simplesmente individual: uma coisa é bela, um ato é belo, um verso é belo, desde que seja reconhecido como belo pela maior parte das pessoas de gosto. É o que se chama a gramática da arte (*MAUSS, 1993, p. 93*).

A cuidadosa descrição desse autor ampara-se, nesse caso, num critério de reconhecimento da estética por um lado ligada à ideia de beleza e por outro à legitimidade dada por aquilo que ele chama de pessoas de gosto. Sabemos que a vasta produção plástica, visual e sonora de muitos povos não europeus (ameríndios, africanos) não se alinha a uma separação entre beleza/utilidade com uma preocupação maior com o belo em si mesmo. Isso porque toda a criação "estética" está vinculada aos sentidos dados coletivamente pelo grupo, aos usos possíveis dessa produção para o benefício da comunidade. Assim, a beleza, que existe também aos olhos dos "nativos", mesmo sendo um fator técnico importante não é um determinante isolado do contexto e submete-se à infinidade de relações criadas pelo grupo em seu cotidiano. O que a essa altura se chama de beleza também se mostra externamente e se alcança formal e intelectualmente numa tradição humanista e kantiana que sustentou o olhar "das pessoas de gosto". Mauss (1993, p. 94) expõe que a "noção de utilidade caracteriza a noção de técnica; a noção (relativa) de ausência de utilidade caracteriza a noção de estética (...)". Mais adiante, o autor ainda completa que

> Um dos melhores critérios para distinguir a parte estética de um objeto, num ato, é a distinção aristotélica, a noção de theoria: o objeto estético é um objeto que se pode contemplar, há no fato estético um elemento de contemplação e de satisfação exterior à necessidade imediata, uma alegria sensual mas desinteressada (*MAUSS, 1993, p. 94*).

As imagens apresentadas pelos artistas viajantes, e de importante valor antropológico, dialogam tanto com essa visão de mundo clássica aristotélica que observa o outro, seus costumes, suas criações a partir daquilo que já se busca afirmar, e em alguns casos, contemplar, quanto descreve a beleza encontrada nas relações étnicas vividas, mas segundo um padrão estético ocidental. O "mundo etnografado" plasticamente pelos viajantes europeus e também por artistas viajantes é visto pela/da Europa numa oscilação ideológica que ora afirma as belezas naturais dos nativos, ora busca imprimir neles uma vontade civilizatória.

É importante dizer que pelas imagens da arte não buscamos exclusivamente descrever ou refletir a realidade da época, mas também, e além disso, ampliar a pluralidade de sentidos que essas imagens evocam. No entanto, são necessárias ainda algumas palavras sobre o método etnográfico que muito serão úteis quando analisarmos as imagens dos artistas viajantes ainda ao longo deste livro.

O registro etnográfico: características e crise

Foi em meados do século XX que, quando a pesquisa etnográfica já havia produzido os melhores trabalhos de campo amplamente conhecidos e estudados, começam a surgir novas reflexões sobre os pilares fundadores da pesquisa antropológica. Um desses autores, James Clifford, em *A experiência etnográfica* (2011), aponta as características e inovações metodológicas do método in loco que apresentamos aqui.

O fundamento de toda observação direta é a figura do pesquisador de campo legitimada entre os pares, institucionalmente e profissional, destacando a importância científica da etnografia, como explicado por Mauss. A inovação, primeiramente falando, pairava sobre um pesquisador que falava não apenas de um lugar, mas em um lugar, uma forma que conferiu ao texto antropológico garantias científicas, pois "o pesquisador de campo deveria viver na aldeia nativa, ficar lá por um período de tempo suficiente, mas raramente especificado, usar a língua nativa, investigar temas clássicos" (Clifford, 2011, p, 27). Quanto a isso, em segundo lugar, o desafio estava em usar as línguas nativas, mesmo sem seu domínio, a fim de participar da cultura, construir e organizar seus objetivos de pesquisa.

A experiência cultural em terras distantes da do pesquisador ficava orientada pela observação detalhada da cultura, como terceira característica etnográfica, que 'era pensada como um conjunto de comportamentos, cerimônias e gestos característicos passíveis de registro de explicação por um observador treinado" (*idem*, 2011, p. 28). A observação torna-se, com isso, mais confiável que a interpretação das autoridades locais. Dessa observação, seria possível construir abstrações teóricas, quarta característica, que dessem conta de compreender a estrutura do grupo, podendo apreender o sistema religioso ou de parentesco do grupo etnografado.

Ciente de que a complexidade da cultura impediria uma visão integral explicativa dos fenômenos sociais, estéticos e políticos, tornou-se aceito que a etnografia explicasse uma parte metonimicamente que desse conta do todo e, por último, "o pesquisador de campo (...) poderia traçar o perfil do que se convencionou chamar de 'presente etnográfico' – o ciclo de um ano, uma série de rituais, padrões de comportamento típico" (*idem*, 2011, p. 29).

Essas explicações mostraram uma prática etnográfica de uma eficiência ímpar para todos os casos de experiência *in situ* lançando mão da observação participante, científica e legitimadora dos trabalhos publicados. Contudo, na segunda metade do século XX, em conformidade com o pós-colonialismo, emerge uma aguda crítica à escrita etnográfica, conforme abordaremos no capítulo 7. Para Geertz,

> na verdade, o próprio direito de escrever – de escrever etnografia – parece estar em risco. A entrada de povos antes colonizados ou proscritos (usando suas próprias máscaras e falando suas próprias palavras) no palco da economia global, da política de cúpula internacional e da cultura mundial tornou cada vez mais difícil sustentar a afirmação do antropólogo de que ele é uma tribuna para os não-ouvidos, um representante dos não-vistos, um conhecedor dos mal-interpretados (*GEERTZ, 2009, p. 174*).

Novos atores entram em cena, sujeitos estes sempre privilegiados pela escrita etnográfica, e reacendem o debate sobre a questão da representação, das relações assimétricas de poder e da ideologia. A crise da escrita etnográfica e, como consequência, do trabalho de campo e da suposta autoridade infalível e inquestionável do pesquisador que quando não se encanta pelo grupo observado permanece alinhado ao paradigma ocidental eurocêntrico quando não impregnado de uma visão autoral (subjetiva?), insere-se neste contexto. Nessa perspectiva, a fidelidade a uma visão de mundo do Ocidente está impregnada no olhar do observador participante como também sustenta teoricamente, estrutural e metodologicamente a escrita etnográfica enquanto um gênero do discurso é o que começa a ser questionado. Se por um lado isso não inviabiliza o método, também não permite mais pensá-lo como parte de um processo neutro de conhecimento das culturas não europeias.

Da mesma forma, os relatos dos viajantes, missionários, administradores coloniais e artistas também devem ser analisados como fruto de uma visão de mundo eurocêntrica, que mesmo que não científica, ajudou a projetar ameríndios e negros de forma ainda pouco explorada e muitas vezes distorcida de suas próprias experiências. Guardadas as devidas diferenças entre a escrita etnográfica, o relato dos viajantes e as imagens criadas pelos artistas em viagens, podemos compreender melhor esses povos se, analisarmos atentamente a composição visual dessas imagens sobre o Brasil e seus povos, levando em conta tais reflexões.

Os primeiros viajantes e a prática da representação pictórica

É amplo o reconhecimento na academia dos relatos dos primeiros viajantes que passaram pelo Brasil a partir do século XVI, seja pelo ineditismo das narrativas apresentadas e vividas no chamado Novo Mundo seja pelo seu valor histórico, estético, etnográfico e visual. As imagens descritas e apresentadas nesses documentos possuem hoje um lugar de destaque nos estudos antropológicos e históricos vistos como um discurso colonizador, mas também como valioso documento visual sobre o outro não europeu.

Dessa vasta produção gráfica não podemos, porém, deixar de dizer que a observação direta da vida desses "selvagens" não surge, obviamente, construída por uma prática científica, imparcial, (etnográfica?) e sem juízos de valor como ensinou Mauss (1993). Se podemos enxergar os ameríndios por esses relatos e imagens, também vemos o europeu que os descreve. O que não diminui, contudo, sua importância antropológica, pois o enorme legado iconográfico que temos à disposição nos permite refletir sobre a contribuição dessas imagens como parte de um diálogo intercultural fundante de nossa brasilidade. Sérgio Milliet, no prefácio do livro *Viagem à terra do Brasil*, de Jean de Léry (1951), publicado pela primeira vez no século XVI, em 1578, destaca:

> Já se referiam os estudiosos à importância dos viajantes estrangeiros no estudo de nossa história colonial. O mesmo se dirá com acerto em relação à etnografia brasileira. De um modo geral são as narrações de viagem manancial precioso ao conhecimento dos nossos índios (*MILLIET, apud LÉRY, 1951, p. 7*).

Léry é bastante cuidadoso no relato – fruto de uma observação direta quando de sua estada no Brasil – sobre os costumes indígenas, por ele chamados de tupinambás, e na obra podemos observar uma detalhada descrição dos motivos que o levaram à terra do Brasil, das peripécias da viagem, do descobrimento da Índia Ocidental, das características geográficas – relevo, vegetação, fauna – dos hábitos alimentares e da forma física dos habitantes, dos costumes mais diversos como casamento, parentesco, religião, os modos de chorar os defuntos, entre outras centenas de explicações. Quanto à língua, a obra apresenta, no capítulo XX, "Restaurado, traduzido e anotado por Plínio Ayrosa", o colóquio parte integrante do trabalho de Léry que conhecia, pelo menos em parte, a língua dos índios, ainda que não a dominasse amplamente.

A ilustração de Theodor de Bry (Gravura sobre madeira feita para a 2ª edição da obra *Viagem à terra do Brasil*, de Jean de Léry, VII, p.115, impressa em Genebra, em 1580, Antoine Chuppin), por exemplo, integra a edição da obra publicada em 1578 e reeditada dois anos depois, 1580, e que serviu de base para a edição aqui consultada, certamente feita pelo gravurista Theodor de Bry. A imagem (inserida no capítulo IX "Das grossas raízes e do milho com que os selvagens fabricam a farinha, comida em lugar do pão; da bebida a que chamam cauim") ilustra a técnica de preparo do cauim feito à base de mandioca e muito apreciado entre os índios com os quais Léry teve contato. Podemos dividir a composição em três planos. No primeiro, vemos somente as índias, únicas encarregadas da fabricação da bebida. As raízes do aipim são a base da alimentação dos chamados selvagens e servem de bebida usual, e segundo Léry (p. 118), "quando querem divertir-se e principalmente quando matam com solenidade um prisioneiro de guerra para comer, é seu costume beber o cauim amornado". Antropofagia, e não canibalismo, é o que Léry nos apresenta, afirmação muito diferente da imagem de selvagens canibais amplamente difundida entre os séculos XVI e XVII na Europa.

Observamos ainda o que se estrutura de forma bem narrativa. Num primeiro plano, vemos três grupos de mulheres. Um deles, à esquerda, composto por cinco índias sentadas em círculo preparando a bebida que será servida. Uma das índias mastiga a pasta e a devolve numa vasilha de barro, antes de engolir. As demais fazem o mesmo. Neste mesmo plano, ao centro, duas mulheres em pé mexem, com um enorme pau, enquanto fervem, esse preparo, num grande pote. E, mais à direita, outras duas colocam o conteúdo num pequeno vaso enquanto uma última o leva aos homens que estão sentados ali perto. Ao fundo, outro grupo canta e dança longe das mulheres que não participam dessa ação.

A composição plástica preza pela linearidade do conjunto, oferecendo ao público europeu, acostumado a um tipo de imagem limpa, organizada e clara, uma visão uniforme do episódio descrito por Léry, que em nada destoa da descrição feita por ele. Nos planos seguintes, os homens participam dos acontecimentos e tomam a bebida, cantando e dançando mais ao longe.

A imagem corresponde adequadamente à descrição feita. A organização figurativa em planos destaca a importância da índia no preparo da bebida. A organização do espaço da composição garante uma equilibrada forma visual que se alinha também ao acontecimento. A superfície da gravura se compõe de tal forma que garante um sentido próprio, marcado pela disposição organizada das figuras, talvez não sugerido por Léry, mas devidamente registrado. Cada membro do grupo tem um lugar específico e se ocupa com atenção dos afazeres, demonstrando habilidade na execução e harmonia no conjunto.

Já em *América,* de Rousselet e Le Brun (Giller Rousselet e Charles Le Brun, gravura em metal, 25,5 x 31,1 cm. Parte de uma compilação de gravuras antigas encadernadas no século XVII, sob o título de *Recueil factice historiques* Amérique, Tomo Unique, 1638. Bibliothèque Mazarine, Paris, França.), observamos logo ao centro um casal de índios conduzindo uma criança pela mão da mãe. Novamente, vê-se, como na imagem anterior, um destaque dado à nobreza da vida indígena, atenção ao comportamental das figuras. Ausente aqui o relato, pois que a imagem pertence a uma compilação de gravuras que tentam dar conta de uma história da América. Uma imagem fundadora, podemos assim compreendê-la.

O casal passeia tranquilamente à frente da composição enquanto, à esquerda veem-se hábitos do cotidiano indígena como uma rede entre duas palmeiras, animais bem próximos, um macaco sentado à esquerda sob a rede, um jacaré à direita imediatamente ao lado da criança e, ao fundo, uma pequena fogueira onde é preparada carne assada.

A grande motivação da composição é o destaque que o artista deu à família monogâmica, o que, apesar de existir entre os indígenas, não é uma regra. Léry, aliás, no século anterior, descreveu o seguinte:

> Note-se que sendo a poligamia permitida podem os homens ter quantas mulheres lhes apraz e quanto maior o número de esposas mais valentes são considerados, o que transforma portanto o vício em virtude (*LÉRY, 1951, p. 202*).

Diferentemente da representação anterior, o casal já apresenta traços de certa civilidade incomum para a situação. O esposo, apesar de portar objetos de uso cotidiano para um índio, não está nu, assim como ele e a esposa ainda estão calçados. Além de mostrarem-se calmos, pouco gesticulando, como se estivessem conversando amenidades, situam-se num lugar idealizado, pouco comum à vida indígena.

Os propósitos morais da imagem ajustam-se à figuração e à plasticidade da composição, pois as obras de arte não estão livres de aspirações ideológicas e se apresentam histórica e socialmente enraizadas, como falamos antes. A índia posicionada discretamente atrás do marido, mais à esquerda, traz um pássaro à mão e escuta placidamente seu companheiro. A construção da imagem em linhas diagonais oferece um dinamismo peculiar que contrasta com a cena. O efeito estético sugere um *ethos* ambientado num lugar diferente, mas não avesso aos costumes do Ocidente.

Significados construídos e sentidos experenciados

Numa distância que não excede meio século temos duas imagens distintas sobre os povos do Brasil, apresentando dois mundos complementares, mas também opostos. A imagem de Léry (feita pelo gravurista Theodor de Bry, para a 2ª edição da obra *Viagem à terra do Brasil*), fruto de sua "experiência etnográfica", mostra-se mais condizente com as informações que ainda hoje temos de grupos ameríndios brasileiros. Os hábitos alimentares, religião, sistemas de parentesco etc. por ele descritos articulam-se, em parte, com a imagem analisada. O registro escrito por ele realizado busca por uma maior precisão de análise, evitando os apelos emocionais, os juízos de valor. A imagem está alinhada a isso. Ela funciona como um atestado de seu "estar-lá", ainda que saibamos hoje as implicações desse argumento. Sabemos do efeito de verdade dessas imagens, mas buscamos aqui demonstrar a pluralidade de significados que deslizam entre esses dois tipos de discurso: visual e escrito.

Já a imagem da *América* se organiza distintamente da anterior, ainda que não apresente a clássica visão do outro como selvagem sem fé, rei e lei, como descreveu Gândavo. Próximas no tempo e no espaço, ambas agenciam formas visuais diversas que nos ajudam a olhar o outro por uma multiplicidade de vozes que, longe de se mostrarem verdadeiras, permitem-nos refletir sobre sua dimensão humana. Beluzzo (1994, p. 18) lembra que:

> As figuras e paisagens, talhadas para avivar os textos atribuídos a Vespucci, não escondem a existência de tradições artísticas locais, a condição intercultural de elaboração das imagens nas quais já se impõem significações que marcam toda a iconografia desse século (XVI) e podem ser polarizadas na visão edênica do bom selvagem e na visão ameaçadora do canibal.

Essa visão ameaçadora a que se refere a autora mostra-se com detalhes em Thevet (*Como os selvagens assam seus inimigos,* xilogravura, 11 x 8,2 cm. *La Cosmographie Universelle d'André Thevet. Cosmographe du Roy,* Paris, Guillaume Chaudiere, 1575.) Sem o cuidado necessário e mesmo com o propósito de descrever os indígenas, inventa uma condição animalizada, apresentada em seu livro *A cosmologia universal.*

Em oposição à construção de Jean de Léry, a xilogravura anterior, caoticamente organizada, mostra corpos humanos despedaçados e tranquilamente esquartejados e assados por um grupo de índios. Um braço humano arde na fogueira ao centro. As feições humanas em nada dignificam o acontecido, pelo contrário, instauram um sentido aterrorizante para a prática canibal em nada ritualizada. A ausência de proporção dos corpos e o embaralhamento das figuras no espaço composicional confirmam uma visão de mundo ideologizada, regida por uma distorção da realidade, mas que pouco interessava a Thevet. A imagem ilustra a mentalidade etnocêntrica e religiosa plasmada na figuração animalizada de índios canibais.

Já distante no tempo dessa imagem, François Auguste Biard, em meados do século XIX, no Brasil, mostra um grupo de índios reverenciando o que o artista nomeia de *Deus Sol,* (*Os índios da Amazônia adorando Deus Sol,* óleo sobre tela, 90,2 x 116,8 cm - Coleção Kugel, Paris, França).

Construído pelo olhar de uma pintura romântica, o romantismo se opôs ao racionalismo neoclássico e se ampara numa valorização da paisagem que ganha destaque nas obras do período. O amor a uma vida ligada à natureza autêntica faz com que as composições da época inovem ao destacar o papel das cores que se libertam das imagens ganhando força, como vemos nos corpos dos índios e no verde escuro da floresta. Aqui, nada mais da visão distorcida sobre o canibalismo, ou mesmo da antropofagia dos chamados selvagens. Os sentimentos que valorizam o nativo em primeiro plano, no centro da tela, aliados à imaginação do artista interferem na experiência de campo que este vivencia. A paisagem, agora elevada à categoria de personagem, destaca-se na composição não como cenário a ser investigado, mas como meio de expressão pictórica.

Em *Os índios da Amazônia adorando o Deus Sol*, Biard conecta o sentido da prática ritual de adoração de um povo representado pelo artista fantasiosamente. Na imagem, um grupo pequeno no meio de uma floresta tropical é banhado pela luz que invade o centro da obra onde, à frente, um índio ajoelhado ergue os braços em direção ao sol que não é visto. O encanto da imagem é configurado pela mistura do índio à floresta escura banhada por uma luz romântica idealizadora e exótica. Biard constrói uma imagem muito própria de um século que mostra um índio-herói de uma nova nação. Ideia essa que busca elevar o índio e a simpatia por ele como algo próprio e genuinamente brasileiro (MELAATTI, 2007). A posição de reverência das figuras confirma a tese do indianismo, que buscava valorizar a cultura indígena como dotada de uma pureza peculiar, capaz de oferecer outros valores destoantes daqueles de André Thevet e mesmo de Jean de Léry.

Diante disso, destacamos a importância de se compreender as polaridades postas em jogo dessas imagens que muito contribuem para problematizar as relações assimétricas de poder às quais os povos ameríndios estão submetidos. Os relatos e as imagens feitas a partir deles, ou mesmo por terceiros estranhos à realidade vivida pelos representados podem não se aproximar aos sentidos experenciados pelo outro, contudo permitem construir significados diversos sobre as diferenças culturais, instaurando novos olhares sobre práticas culturais representadas.

Imagens, relações de poder e ideologia

Sabemos que o fundamento de toda observação direta, origem da etnografia, é a figura do pesquisador de campo que, apesar de produzir um importante material escrito e visual, não deve ser visto como autor de uma certeza universal sobre o grupo pesquisado. Isso porque, como já dissemos, nenhum método científico é suficientemente autônomo para produzir uma solução que dê conta das particularidades e idiossincrasias culturais.

Além disso, as imagens produzidas sobre o outro sempre devem ser pensadas a partir da problemática tanto da representação em si mesma, ou seja, quem pode falar pelo outro e sob que condições, quanto das relações de poder envolvidas no ato da representação.

Como vimos, as primeiras imagens dos viajantes navegadores europeus não foram criações gratuitas, ou desinteressadas, ou mesmo neutras. Pelo contrário, elas inserem-se na lógica civilizatória colonizadora do século XVI. Apesar de verificarmos nelas uma mudança visual entre uma figuração plástica humanizada do índio e outra afirmativa da sua condição de "selvagem", essas imagens são importantes fontes de produção de sentidos sobre o diálogo e dominação intercultural.

O choque cultural acontecido entre povos tão diametralmente opostos também se verificou, em alguma medida, nos relatos dos navegadores viajantes. Longe de apresentarem um registro fruto de um método etnográfico, ainda assim não isento ideologicamente, os relatos e imagens dos navegadores funcionaram como discursos muitas vezes de caráter universalista e essencialista.

Os sentidos que tais imagens agenciam e a pluralidade de significados estéticos delas originados nos ajudam a compreendê-las dialogicamente, permitindo que a interpretação estética da arte não se ofusque num monólogo meramente formal, incapaz de se renovar continuamente. Os pintores e gravuristas, os fotógrafos e os cineastas negociam o espaço da composição de modo a cuidar visualmente das imagens atentando-se à sua recepção, mas também as ajustando à sua visão de mundo.

A antropologia visual, mais recentemente, partindo de uma pesquisa de campo, interfere nessa lógica ao estabelecer constantes olhares que atendem não a uma demanda antecipada sobre o outro senão a necessidade de capturar visualmente aquilo que a olho nu não foi possível nem a partir do registro escrito.

Como dito, ainda que nem sempre as relações de poder tenham sido especificadas e que o estar-lá tenha funcionado como legitimador de contato com a alteridade, não existe qualquer garantia, nos relatos e imagens dos viajantes e na experiência etnográfica, de uma verdade e de uma ética isentas de juízo de valor. Toda imagem evoca por natureza a ausência de algo que não está ali, mas nem por isso nos impede de compreendê-la além de seu sentido inaugural.

CAPÍTULO 4

A IMAGEM FOTOGRÁFICA COMO REGISTRO DE CAMPO

Toda imagem é um olhar reconstruído sobre o mundo, seja ela um desenho, uma pintura, uma fotografia ou um vídeo. Cabe-nos, então, questionar qual o significado da imagem, no caso fotográfica, para a antropologia ao reconstruir a alteridade. Como a imagem pode servir de suporte para o trabalho do antropólogo? Como a fotografia oferece um instrumento técnico fundamental para o registro do contexto cultural?

Os primeiros usos das imagens em antropologia foram de documentar, ou seja, criar algo portador de informação que representasse a realidade, que servisse de registro de um acontecimento observável ou verificável pelo antropólogo em campo. A fotografia, criada no século XIX, despontou, então, como uma importante técnica auxiliar da escrita dos antropólogos até meados do século XX. Seu uso, de início, não se limitou exclusivamente a pesquisas antropológicas, mas também a interesses governamentais muito alinhados a uma ideologia imperialista eurocêntrica, no século XIX. Vemos isso claramente no projeto do médico Cesário Lombroso, apontado como pai da antropologia criminal, defensor da tese de que a criminalidade era de caráter hereditário.

Lombroso valeu-se da fotografia para catalogar os tipos humanos que teriam essa "tendência" ao crime. Suas ideias comparavam imagens fotográficas de pessoas presas buscando estabelecer um "tipo" de semelhança que justificasse sua tese evolucionista do "criminoso nato". Suas ideias associavam demência à delinquência e num certo sentido corroborava os preconceitos sociais, e raciais, da Europa imperialista, utilizando-se de imagens fotográficas para confirmar esse pensamento. A fotografia, nesse período, foi largamente empregada pelos governos, e por alguns antropólogos, para julgar as diferenças sociais e culturais. Fotografias com imagens dos nativos em trajes típicos eram também frequentes, a fim de comprovar uma suposta hierarquia das "raças".

Desde que a câmera fotográfica surgiu, etnógrafos das mais variadas correntes valeram-se de suas máquinas como uma forma de registrar os acontecimentos em campo. A sociedade moderna, por condições peculiares que aqui não exploraremos, gerou uma verdadeira demanda por imagem. Com isso, à medida que as pessoas passam a se ver como o outro da fotografia, surge para elas a primeira alteridade retratada sobre o eu que se vê na fotografia, nos primeiros retratos. É a fotografia que ensina, o homem a se ver como imagem antes de ver o outro. É a partir dessa condição visual moderna que a alteridade fotográfica emerge para a antropologia e adiante para o grande público, também como discurso visual.

Paulatinamente, a fotografia vai se mostrando eficaz e bastante usada para documentar a realidade vivida, aqui e lá, com aparência de verdade. Contudo, não tardaram também a surgir os primeiros questionamentos sobre sua capacidade de recriar a realidade conforme o "dedo de quem fotografa". Observou-se que a qualidade estética da imagem fotográfica, que se estrutura como discurso visual do outro, opunha-se ao sentido de uma escrita antropológica. Essas serão as questões trabalhadas no capítulo seguinte, a partir da produção de Pierre Verger e de Claude Lévi-Strauss.

Antropologia da imagem – a fotografia como registro ético da realidade

A relação entre antropologia e imagem não foi livre de questionamentos nem automática como se poderia, supor dado o realismo que a imagem fotográfica sempre impôs. Isso porque o surgimento da imagem técnica, apesar de não ter sido visto como possibilidade de se dispensar o registro escrito, devido à hegemonia da escrita, foi desacreditado, tendo em vista a desconfiança que os primeiros antropólogos tiveram com a câmera, ainda que ela tenha sido largamente usada por eles.

> Nem sempre a relação entre a antropologia e a antropologia visual foi pacífica. Os antropólogos desconfiaram das imagens ao mesmo tempo em que manti-

veram uma secreta esperança de que estas lhes resolvessem alguns problemas (o da objetividade). Mantiveram essa insuportável ambiguidade. Porém, desde o início, foram os antropólogos que teimaram em procurar o outro cineasta para compreender o que faziam. Assim integraram fotógrafos e cineastas nas missões científicas e procuraram estabelecer pontes entre os antropólogos e documentaristas (*cartas de RIVERS a VERTOV apud RIBEIRO, 2005, s/p.*).

A academia também permanece de alguma forma ligada à produção escrita da cultura, o que dificulta a validação da imagem enquanto produtora de conhecimento. Se por um lado é próprio da escrita elaborar conhecimento cultural, etnograficamente falando, não o é da imagem fílmica elaborar reflexões visuais metodológicas e teóricas. David MacDougal diz isso (*2007, p.186-187*):

> Essa resistência acadêmica em relação às imagens também se deve ao fato da Antropologia ter se desenvolvido a partir de publicações que proponham um balanço sobre a sociedade. Já os filmes não fazem isso. Filmes fazem coisas bem diferentes, eles não propõem conclusões no sentido de levantar hipóteses ou teorias e apresentar evidências que as comprovem e nem apresentam isso como uma parte do conhecimento antropológico. Creio que nenhum filme faça isso e, quando o fazem, tentando ser didáticos, acabam por se tornar uma má imitação de textos antropológicos. Além do mais, a arte é algo

desvalorizado no estilo antropológico e isso é um problema.

No caso da fotografia, o uso da imagem pelos antropólogos foi visto como uma forma de ilustrar o pensamento gráfico, pois que a escrita ainda era vista como a principal forma de se registrar o conhecimento oriundo da pesquisa de campo, sendo a imagem meramente um auxílio. Marcel Mauss prescreveu uma recomendação ao fotografar (1993, p. 32), na primeira metade do século XX:

> Todos os objetos devem ser fotografados, de preferência sem pose (...). Nunca serão demais as fotos que se tirarem, na condição de serem todas comentadas e exatamente localizadas: hora, lugar, distância.

O etnólogo e fotógrafo Edward Curtis foi um dos primeiros a fazer um gigantesco levantamento etnográfico dos índios norte-americanos ainda no século XIX. No entanto, não raro, foi pedido aos índios que posassem para a câmera com trajes étnicos e reproduzindo práticas já abandonadas.

Esse propósito, aliás, não se distanciaria muito de uma prática fotográfica, ainda no mesmo século, usada para classificar, medir, regular e conhecer pelo corpo esse outro por características supostamente próprias da raça, como se dizia, mas também individuais reveladoras do comportamento e mesmo da história individual. Em 1893, o professor de medicina Joseph Bell afirmou que "as peculiaridades raciais, os hábitos hereditários de comportamento, os sotaques, as ocupações, a educação, os ambientes de todos os tipos (...) gradualmente marcam ou esculpem o indivíduo (...)" (GUNNING apud CHARNEY, 2001, p. 50). No século XIX, que vê nascer a fotografia, observamos que ela é o elemento determinante no processo de investigação policial e criminal, como fala Gunning, tornando-se integrante de um novo discurso de poder e controle (apud CHARNEY, 2001).

Em certa medida, mesmo que as imagens de Curtis sobre os índios não se estabeleçam com esse fim, de alguma forma elas flertam com a possibilidade de se identificar o que é próprio, determinante ou compõe a identidade desse outro "não civilizado". Uma imagem fotográfica que se instaura como parte de um sistema de classificação e tipificação organizada do corpo estranho para ser visto pela cultura não primitiva, estabelecendo um sentido de veracidade mas também de regulação da representação.

Pode-se dizer também que a dificuldade do uso da fotografia pela antropologia se deu por questões próprias da imagem fotográfica como um recurso técnico capaz de reproduzir no imaginário coletivo um recorte verdadeiro da realidade. A imagem, por seu lado, trazia consigo ainda um assombro medieval de ser um ícone proibido, uma blasfêmia. Com o passar do tempo, e já no fim do século XIX, a chegada do cinema começa a alterar essas impressões iniciais, sendo a imagem vista como um tipo de realidade em movimento e, com isso, um testemunho da realidade vivida em campo, possibilitando o alcance da objetividade tão necessária.

Os primeiros registros oficiais da etnofotografia surgiram por volta de 1870, com o trabalho de John K. Hillers que, contratado pelo Departamento de Etnologia Americana, registrou tribos indígenas dos Estados Unidos. A antropóloga Alice Flectcher registrou, em 1880, a serviço do Museu Peabody, os índios Omahas e os Sioux, em Dakota. Em 1886, Franz Boas iniciou um trabalho de campo que levou 40 anos para ser finalizado, com o grupo Kwakiutl, na costa noroeste dos Estados Unidos (*BONI, MORESCHI, 2007*).

Outro aspecto ainda a abordar é o que diz respeito à mensagem que a fotografia traz. Uma das principais características dessa "mensagem etnográfica", como vimos anteriormente, é apresentar de forma minuciosa as realidades discursivas, ou seja, servir de registro o mais fiel possível da pesquisa desenvolvida in loco. Godolphim afirma que a fotografia pode ser usada como técnica etnográfica pelo menos de três formas:

a) a fotografia como um instrumento de pesquisa, isto é, de produção de conhecimento etnográfico, onde a fotografia é tomada como mais uma técnica de documentação, junto com caderno de campo e o gravador, que se usa para registrar seus dados.

b) como elemento de interação na devolução do material fotográfico, estimulando a relação com o grupo estudado e abrindo um campo de diálogo, de expressão da memória e das reflexões dos informantes sobre as imagens devolvidas.

c) a fotografia como um elemento do discurso antropológico: como parte integrante de um "texto" que o antropólogo constrói ao propor uma interpretação da situação social estudada. O texto, tradicionalmente

- escrito, pode também ser apresentado de forma imagética, como um filme ou uma exposição fotográfica (*GODOLPHIM, 1995, p. 171*).

A questão colocada pelo autor, contudo, é mais abrangente, pois em que medida as representações culturais dos povos – que vão muito além da visualidade das técnicas corporais e rituais –, ao serem fotografadas, mostram com pretensão de registro da realidade, e ocultam outras representações sociais? A fotografia sem sombra de dúvida, ajuda a consolidar o campo da antropologia visual, ou antropologia da imagem, à medida que ela própria exercerá uma forte influência sobre o pensamento moderno ocidental, pois que nossas concepções de mundo acabam se ajustando à visão de mundo criada pela câmera fotográfica. Contudo,

> o chamado testemunho fotográfico, embora registre em seu conteúdo uma dada situação do real – o referente – sempre se constitui numa elaboração, no resultado final do processo criativo, de um modo de ver e compreender especial de uma visão de mundo particular do fotógrafo (*KOSSOY, 2000, p. 58*).

Esse resultado final, que é a imagem do outro etnofotografado, estaria, pela pesquisa etnográfica, ainda submetido a essas questões, pois que essa imagem é criada/construída pelo antropólogo que seleciona e recorta a realidade vivida. A etnofotografia, ou qualquer fotografia, pela sua ilusão de transparência, flerta com a ficção, pois enquadramento, iluminação, saturação de cores etc. sempre existem como parte própria da linguagem. Fotografia e escrita complementam-

-se como poderosos registros etnográficos, uma vez que a realidade, cultural quando transportada pelo antropólogo, é carente semântica e sintaticamente. O fotógrafo americano Collier (1973) coloca que a função verdadeira do arquivo fotográfico é manter vivo o momento cultural. Com isso, as anotações de campo escritas ganham vida com um sentido pleno de imaginação das circunstâncias reais, dadas pelas imagens fotográficas.

Segundo Ribeiro, foi em 1900 que se defendeu pela primeira vez o uso sistemático da imagem em movimento (cinema), incorporando aos poucos a imagem como suporte essencial para o trabalho do antropólogo.

O ato fundador dessa utilização das imagens em antropologia deve-se a L. F. Regnault ao se propor, a partir das imagens, a comparar atitudes, movimentos e técnicas, procurando assim criar as bases de uma ciência experimental cujas premissas seriam a psicologia étnica comparada, baseada nas imagens, e a de identificação cultural do corpo e do movimento. Regnault com Azoulay iniciam a utilização dos rolos Edison para registrar o som, produzindo os primeiros fonogramas antropológicos. Em 1900, propõem no Congresso de Etnografia de Paris um verdadeiro programa de antropologia visual: elaboram um projeto de laboratório "audiovisual" de etnografia; defendem o emprego sistemático da imagem em movimento na pesquisa etnográfica; propõem a criação de arquivos antropológicos filmados. "Os museus de etnografia deveriam anexar às suas coleções cronofotografias." (*RIBEIRO, 2005, s. p*).

Pode-se dizer que fotógrafos, pintores, cineastas e quaisquer profissionais que trabalhem com a imagem técnica sempre negociam o cenário das imagens que produzem. Nunca se imprime o vivido sem anteriormente ter claro para quem, no caso, se fotografa, qual público e o que se quer mostrar a esse público. Assim como a escrita, a imagem fotográfica usada pela antropologia foi crucial não apenas para o entendimento da cultura pesquisada mas também foi determinante para a compreensão sobre esse outro e que, sem a reprodutibilidade técnica dessa imagem, seria mais difícil. A popularização/democratização da fotografia ao longo do século XX vai consolidar o fortalecimento da antropologia visual, suscitando novos problemas teóricos.

Malinowski valeu-se da fotografia, ainda que ela fosse um complemento para sua pesquisa. Em cada visita de campo ampliava o número de fotos como parte significativa da observação participante que fazia, como podemos ver em *Os nativos de Mailu* (1915-1988), 34 fotos; depois em *Os argonautas* do Pacífico (1922), 75 fotos; aumentando o registro fotográfico em *A vida sexual dos selvagens* (1929), com 92 fotos e, por fim, em *Os jardins de coral e suas mágicas* (1935), 116 fotos.

Como disse Malinowski sobre a ética etnográfica, o indivíduo ou povo fotografado possui uma vida que não se resume naquela imagem. A imagem não deve se impor deliberadamente como veículo discursivo de uma verdade cultural universal. O etnógrafo-fotógrafo, ao capturar o instante-real dessa alteridade, os tempos fortes, terá uma responsabilidade ética tanto com sua pesquisa quanto com a cultura fotografada. A representação visual do outro, de suas práticas culturais, emerge de contextos antropológicos que criam, autorizam e mantêm a dinâmica cultural, sendo importante sempre questionar esse olhar fotográfico sobre o outro e buscar as conexões entre essa imagem criada e seu referencial de criação.

Para Samain, as publicações de Malinowski foram fundamentais não apenas pelo ineditismo ao usar a fotografia como um suporte fundamental para sua pesquisa de campo, mas também porque criou toda uma organização, sistematização e catalogação das imagens:

> 1- O uso crescente de fotografias além de figuras, plantas, mapas e diagramas sempre associados a textos, configurando uma grandiosa produção ilustrativa;
>
> 2- As fotos apresentam legendas precisas, compreendendo um título relativo à foto, isolando-a de seu contexto etnográfico, salientando vez ou outra no texto a necessidade que o leitor deve ter de confirmar o que está escrito;
>
> 3- As pranchas são ordenadas rigorosamente dentro do texto em simbiose entre o que este diz e o que é sustentado visualmente. Dessa forma, de acordo com Samain, Malinowski ultrapassa a ilustração. Fica claro que o verbal e o pictórico (desenhos, esquemas e fotografias) são parceiros na elaboração de uma Antropologia descritiva aprofundada (*SAMAIN apud FONSECA, s/p, p. 4*).

As fotografias, resumidamente, funcionam como indícios que levam a novas descobertas de campo, possibilitando ao antropólogo a compreensão dos códigos da cultura captados a olho nu, e proporcionando tanto a descoberta de sentidos visuais quanto a significação da cultura. O que ainda resta saber é se a dimensão estética de certas imagens do outro distancia-se de uma prática antropológica.

Pierre Verger e a fotografia autoral

Pierre Edouard Léopold Verger (1902-1996), conforme a Fundação de mesmo nome, foi um fotógrafo, etnólogo, antropólogo e pesquisador francês que viveu grande parte da sua vida na cidade de Salvador. Realizou um trabalho fotográfico baseado no cotidiano e nas culturas populares dos cinco continentes. Por volta de 1934 e 1935, passou a ser colaborador do Musée de l'Ethnographie, e também o encarregado de seu laboratório fotográfico, em Paris. Além disso, produziu uma obra escrita de referência sobre as culturas afro-baiana e diaspóricas, voltando seu olhar de pesquisador para os aspectos religiosos do candomblé e tornando-os seu principal foco de interesse.

Segundo Andrade (2002 *apud* Boni, Moreschi), a grande especialidade de Pierre Verger foi a produção de trabalhos fotoetnográficos que começaram em 1946, ano em que chegou ao Brasil, acumulando, entre 1932 e 1962, mais de sessenta e três mil fotografias, boa parte delas realizadas durante seus trabalhos de campo. Quando observamos a

obra fotográfica de Verger fica clara a diversidade étnico-
-racial ali representada. O destaque, no caso das imagens
do Brasil, se dá para a influência africana na cultura brasileira.
Lembrando as palavras de Malinowski, que frisou sobre a importância em não essencializar o outro durante a prática etnográfica, em não torná-lo infantil, violento e irracional, Verger consegue mostrar a africanidade brasileiras sem transformá-la em objeto de curiosidade, exotizá-la, sendo importante nesse processo fotoetnográfico o registro do sincretismo cultural percebido nas imagens. Diz Verger sobre esse tema:

> Os santos católicos, ao se aproximarem dos deuses africanos, tornavam-se mais compreensíveis e familiares aos recém-convertidos. É difícil saber se essa tentativa contribuiu efetivamente para converter os africanos, ou se ela os encorajou na utilização dos santos para dissimular as suas verdadeiras crenças (*VERGER, 2002, p. 27*).

Verger era um profundo conhecedor da cultura africana, tendo em vista já ter feito diversas viagens a esse continente, passando anos em contato direto com diversos grupos locais. O conhecimento profundo da cultura pesquisada é condição para a realização de uma fotoetnografia atenta às diferenças culturais.

O trabalho fotoetnográfico, no que se refere à produção, deve contar com um profissional que garanta qualidade no registro imagético. A preocupação com a captação da imagem é um importante pré-requisito para quem irá gerar o material fotográfico, seja este realizado por um profissional da fotografia, por um etnólogo ou pesquisador que siga os preceitos antropológicos. Todos devem ter como ponto de partida o estudo da comunidade a ser retratada. Se o trabalho for realizado individualmente, algumas preocupações são básicas: o fotógrafo deve munir-se de conhecimento etnográfico e antropológico da comunidade em questão e os etnólogos e pesquisadores devem buscar conhecimento técnico sobre fotografia para irem a campo (*BONI E MORESCHI, 2007, p.140*).

Verger tinha claro o que queria fotografar, como executar tais imagens. Sua produção plástica é um precioso registro do campo africano e afro-brasileiro, apresentando um registro autoral próprio. Sua prática de campo e seu olhar não-essencializante sobre o outro negro o colocam alinhado às pesquisas etnográficas. A obra *Orixás* (2007) mostra a força dos santos negros da Bahia, destacando aspectos dos cultos aos orixás, deuses dos iorubás, em seus lugares de origem na África (Nigéria, ex-Daomé e Togo) e no Novo Mundo (Brasil, Antilhas). A predominância pelo uso de um semiperfil caracteriza em grande parte a produção de Verger.

Nota-se, contudo, com clareza em sua obra uma influência estética que oscila entre uma arte seiscentista, principalmente nos retratos onde se vê uma diagonal na composição visual da fotografia, e mesmo e uma arte surrealista, com corpos flagrados ao meio e ângulos mais abertos.

Verger busca um registro fotoetnográfico que visualiza o contexto cultural no qual "sua personagem" está inserida quase pairando acima dele, longe das forças sociais condicionantes dos problemas raciais. Isso também se evidencia na forma como usa a luz num contraste quase barroco de *chiaroescuro*. Os planos abertos, a luz mais focada e uma linha diagonal, porém, fortalecem o sentido estético de sua obra. Quando observamos atentamente a produção de Verger, também é notória a repetição visual da temática da identidade africana no Brasil, sua permanência quase atemporal e desenraizada, como se África e Brasil se misturassem.

A composição visual da obra, com forte presença autoral, se por um lado afirma a dimensão estética e a primazia dada a uma beleza espontânea flagrada pela objetiva, também revela uma forte influência etnográfica dada pela preocupação do artista (e etnólogo) em dimensionar um cotidiano humanizado pelas festas, religião e costumes culturais. O trabalho fotoetnográfico de Verger é notório, partindo do princípio da poética particular que lhe é própria. Suas imagens nos ajudam a pensar o povo fotografado como também sevem para identificá-lo como criador autoral desse outro nas suas singularidades culturais, apresentando pelo registro visual os detalhes dos gestos de um grupo de um capital simbólico próprio. O valor etnográfico de sua produção mistura-se à sua força estética e documenta um mosaico de práticas culturais que se mostram diante da câmera, revelando situações rituais e performáticas.

Entre o rito e a performance, a relação é estreita e a progressão pouco perceptível. No primeiro caso, trata-se de exprimir uma força, uma identidade ou uma visão sobre um modo de comunicação simbólico partilhado pelo público; este recebe e responde à mensagem numa relação direta, cara a cara. A dimensão estética está presente no rito, mas de maneira implícita ou escondida. ... a performance tende a uma atividade mais estética do que ética, na qual a forma da criação perdura, se estiliza, e toma eventualmente o lugar da mensagem inicial... *(ARGIER, 2011, p. 99)*.

A fotografia de Verger captura o polo operatório dessa configuração ao conseguir mostrar em cada momento o polo operatório da ação cultural como se desenvolve, guardando as devidas diferenças, como vemos em *Orixás* a descrição visual dos ritos acontecendo. A grande questão fica, então, exatamente como a fotoetnografia consegue, ao segurar sua dimensão artística, no caso de Verger, estabelecer claramente as devidas particularidades das práticas culturais em cada ângulo, sem que com isso, ao evidenciar o cenário de fundo da imagem provoque um distanciamento ou uma maior diluição do acontecimento que se torna representação.

Claude Lévi-Strauss – fotografia e etnografia

O antropólogo francês fundador da antropologia estruturalista Claude Lévi-Strauss foi, sem dúvida, um dos precursores da etnofotografia no Brasil. Entre 1935 e 1938 produziu mais de três mil fotos que foram publicadas inicialmente em *Tristes trópicos* (1955) e depois, em 1994, no livro *Saudades do Brasil*. Essas imagens funcionam como parte integrante das pesquisas desenvolvidas pelo etnólogo francês. Como ele próprio dizia, sua preocupação era registrar momentos corriqueiros do cotidiano indígena. Diz Lévi-Strauss, em entrevista dada a Charbonnier, no ano de 1989, p. 12: "Tento compreender por que essas coisas são assim e parto mesmo do postulado de que, desde que esses modos de ação, essas atitudes existam, deve haver uma razão que as explique".

Sua preocupação é não enxergar o outro com seu próprio olhar, mas sim olhar, para o outro como se houvesse uma razão de ser de seus costumes. A fotografia caminha nesse mesmo sentido, como uma ferramenta para se comprovar, documentar a realidade, apenas e somente isso. A fotografia teria esse lugar em não folclorizar ou mesmo estigmatizar o outro. "Os documentos fotográficos me provam sua existência, sem testemunhar a seu favor, nem torná-los sensíveis a mim" (*Lévi-Strauss, 1994, p. 9 apud Novaes, 1999*).

Para Lévi-Strauss, a compreensão de uma dada realidade se faz na medida em que cientificamente se traduz uma realidade cultural para a outra, pois que a realidade de cada grupo nunca é visível o suficiente, nunca é clara o bastante. Lévi-Strauss buscou descobrir aquela realidade dos grupos indígenas, aventurando-se a encontrar os traços de cultura ainda intatos, como fez com a primeira expedição entre 1935 e 1936 em visita aos índios Kadiwéu e Bororo.

O livro Saudades do Brasil é composto por 176 fotos em preto-e-branco do autor, revisitando a jornada do jovem etnólogo obtidas na sua maioria com uma câmera Leica. As fotos estão editadas em uma sequência que parte da cidade de São Paulo passando por Pirapora, Pico do Itatiaia, Paraná, Santa Catarina, tribos Kadiwéu, Bororo, Nambikwara, Mundé, Tupi-Kawahib, terminando com a série que o autor denomina "O Retorno".[1]

Contudo, Lévi-Strauss nunca dissertou sobre a fotografia e poucas observações fez. Em suas obras *Tristes trópicos* e *Saudades do Brasil* a fotografia tem um papel de ilustração da etnografia, de seus diários de viagens, mantendo uma viva relação com o texto escrito.

De acordo com Christian Feest e Viviane Luiza da Silva, assim como Mario Baldi, Lévi-Strauss prestou atenção especial aos rituais funerários, à cultura material da organização social e, por meio de retratos, à representação antropométrica comum às expedições da época. Para os autores, as fotografias tomadas por Lévi-Strauss são em grande parte relacionadas aos tópicos de sua pesquisa e, sendo assim, priorizam ilustrar o relato das informações coletadas no seu trabalho de campo.[2]

---

1. Passagem extraída do texto que se encontra no endereço http://povosindigenas.com/claude-levi-strauss/. Acessado em 30/05/2015.
2. *Idem, ibidem.*

Segundo Novaes (1999), o papel que Lévi-Strauss se atribui enquanto fotógrafo e etnógrafo é registrar aquilo que será inexoravelmente apagado pelo tempo. Ou seja, seu objetivo é documentar a passagem do tempo, o que se perderá. Em *Tristes trópicos (apud* NOVAES, 1999, s. p.*)*, diz ele: "Dentro de algumas centenas de anos, neste mesmo lugar, outro viajante, tão desesperado quanto eu, pranteará o desaparecimento do que eu poderia ter visto e que me escapou".

Obviamente que o uso da fotografia por Lévi-Strauss não pode ser equiparado à sua etnografia, pelo menos se ouvindo dele próprio, nem mesmo comparado à visão estética da fotografia de Pierre Verger. Mas é importante destacar que é perfeitamente lícito afirmar que Strauss produz um vasto material etnofotográfico (com predominância para a pesquisa étnica), valendo-se de imagens sobre as particularidades, as singularidades das culturas que visitou.

Etnofotografia ou fotografia etnográfica?

Se com Verger a fotografia alcançar status de fonte primordial e autoral para o que se quer compreender e mostrar, não podemos dizer que teve papel menos importante com Lévi-Strauss. A produção fotográfica de Verger tornou-se um marco para a antropologia visual, ainda que de caráter bastante autoral. A qualidade de sua obra, sua força plástica, revela um cientista e artista capaz de usar a imagem fotográfica como recurso fundamentalmente de registro auxiliar da etnografia, de memória de um tempo que passou e, principalmente, como uma criação estética que lhe é tão cara quanto à importância que sempre deu à arte.

Podemos dizer que Verger produz uma fotografia etnográfica, de valor antropológico, ao passo que Lévi--Strauss estaria mais próximo de uma etnofotografia, dada a importância de sua perspectiva antropológica e não artística. Numa visão mais crítica, não seria demais lembrar que ambos se situam naquele limite de produção plástica que dialoga com as imagens de uma forma mais autoral quando as analisamos, notadamente Pierre Verger.

Em Verger, a fotografia revela o signo corporal para se alcançar a cultura. Em Lévi-Strauss, pela cultura chegamos às práticas culturais e corporais. Aquele realiza visualmente uma idiossincrasia étnico-corporal enquanto este aproveita a compreensão que se pode ter do detalhe em cada imagem.

Se a fotografia usada como técnica para enxergar além do que o olho vê, documentar o momento inalcançado pela escrita ou se a estética visual ganha força ao comunicar plasticamente uma situação cultural específica, o fato é que estamos diante de pesquisadores de grande importância para a antropologia visual. Guardadas as diferenças de propósitos, apresentam um mapeamento fotoetnográfico, ao proporem um diálogo intercultural ético pelas imagens. Essas abordagens, sobre a escrita da luz, trabalham como índices culturais fundantes de um pensamento visual. Seja uma etnofotografia ou uma fotografia etnográfica o certo é que resgatam a força da imagem para a compreensão da cultura.

A verdade aparente da imagem

A utilização de novos registros visuais na pesquisa etnográfica, como a fotografia, fez com que a prática antropológica não ficasse mais restrita aos cadernos de campo e aos gravadores. O uso intenso das imagens fotográficas in loco vai se destacando, não mais se subordinando integralmente à escrita, à medida que novas tecnologias aparecem e também novas práticas de registro são construídas no local.

Com a ampliação do uso das imagens fotográficas pelos pesquisadores, já consolidada no século XX, exigiu-se uma nova abordagem teórica e metodológica dos estudos antropológicos. Com isso, a fotografia começa a ser proposta tanto como um instrumento de pesquisa quanto como parte da interação entre o antropólogo e a cultura pesquisada, além de se apresentar como um discurso visual sistematizado.

O trabalho de Pierre Verger e de Lévi-Strauss como dois pesquisadores culturais, e como autores de registros visuais fundadores de um discurso sobre o outro, cada um à sua maneira, contribuiu decisivamente, para a ampliação de um saber cultural local. Se esses suportes visuais tecnológicos permitem a emergência de diversos caminhos sobre a prática etnográfica, eles além de inovarem metodológica e interativamente, ainda insistem em lembrar que a imagem é uma reapresentação da realidade vivida, construída tanto pelo pesquisador quanto pelas disposições técnicas da câmera, dos seus limites e de suas potencialidades.

Se existe uma verdade da imagem, nesse caso fotográfica, como signo de um referente ausente, ela está associada à pura interpretação de uma observação direta do pesquisador. Seu efeito de realidade verdadeira é um ponto de vista, ainda que sustentado metodologicamente. Assim como a imagem estática cria uma atmosfera de um presente etnográfico, porque assim se mostra, cabe-nos ampliar esse debate para as outras e novas imbricações propostas pela imagem em movimento, tais como o cinema e o vídeo.

CAPÍTULO 5

A IMAGEM NA PRÁTICA ANTROPOLÓGICA: O DOCUMENTÁRIO E O FILME ETNOGRÁFICO

Foi na década de 1920 que nasceram os chamados primeiros filmes etnográficos, como já vimos no capítulo 2. Ao mesmo tempo em que Malinowski lançava seu livro *Os argonautas do Pacífico*, um marco da antropologia, e revolucionava a pesquisa de campo com o método da observação participante, víamos surgir aqueles que seriam considerados clássicos do cinema documental.

Assim como a antropologia consolidava-se como a única ciência a estudar as práticas culturais humanas por especialistas treinados em compreender a alteridade, o cinema, como a fotografia fora, emprestava tecnologia aos cuidados dos primeiros antropólogos que usavam a câmera como, inicialmente, registro da prática de campo e como método de produção de conhecimento.

A etnografia infiltrava-se na pesquisa visual e audiovisual ampliando a compreensão dos costumes culturais de povos distantes. Se por um lado antropólogos usavam a câmera como poderoso recurso de "registro" da realidade, por outro, surgem os primeiros cineastas atentos à prática de campo antropológica para produção audiovisual ou criando novos modelos de filmes documentais, como Robert Flaherty, Dziga Vertov, Jean Rusch entre outros.

Esses "cineastas antropólogos" fizeram dos seus filmes diários de campo, procurando viver nas sociedades nativas retratadas com o objetivo de apresentá-las, descritivamente. Essas representações audiovisuais da realidade, se por um lado tornam-se clássicas do cinema documental, também podem ser questionadas sob a perspectiva da sua produção de sentidos, ou seja, em que medida temos de fato uma representação da realidade nativa ou temos a realidade nativa representada? Como conseguir "recriar a realidade" com o aparato técnico fílmico sem que com isso ficcionalizasse o mundo vivido? Narrativa ficcional e registro etnográfico surgem como pontos diametralmente opostos e conflitantes. Minimizar o encanto das imagens em movimento na documentação (registro) das experiências torna-se uma preocupação permanente, uma vez que o cinema poderia "contaminar" a prática de campo antropológica, tendo em vista que as imagens mostrariam a vida dos nativos de forma distorcida.

O estudo, resultado do chamado presente etnográfico, como diz Malinowski, era mais que uma pesquisa de campo, mas também uma atitude do estudioso em compreender a alteridade humana. O vídeo seria com isso peça chave para, por um lado, objetivar com a imagem e o som as relações culturais, materiais e imateriais, e, por outro, compartilhar com a antropologia a produção de novos conhecimentos sobre o outro.

Os filmes etnográficos

O uso da imagem para a captura da realidade antropológica data do século XIX, desde o primeiro momento em que a tecnologia tornou-se disponível, como falamos no capítulo 2. Os antropólogos, inicialmente, e os primeiros cineastas logo viram a pluralidade de possibilidades do uso da câmera para o registro da experiência etnográfica. As imagens em movimento despontaram como uma grande oportunidade de se criar formas inéditas de reapresentar, pela imagem, a alteridade. Notadamente, novas questões foram colocadas: que formas culturais é possível conhecer pelo filme? Fotografias e filmes geram que tipo de conhecimento sobre os contextos culturais vividos pelos antropólogos e cineastas?

O novo suporte irá gerar diversos questionamentos e dúvidas tanto sobre as suas possibilidades de uso quanto sobre a validade dessa forma de apreender a realidade (validade de ordem ideológica, tecnológica, estética, etc.), e será percebido como uma ferramenta indispensável para o antropólogo.

> Boas foi dos primeiros antropólogos a usar a fotografia e o filme no campo, e seu trabalho se caracterizou pelo uso sofisticado de várias mídias como o registro sonoro, textos nativos, coleção de artefatos etc. Com seu treinamento em ciências físicas, Boas sempre foi ávido na aplicação das últimas tecnologias para

as questões etnológicas (...) Boas foi um inovador ao elaborar as primeiras fotografias de um potlatch Kwakiutl (*JACKINS apud PEIXOTO, 1999, p. 94*).

Franz Boas imediatamente fez uso do cinema e da fotografia para a gravação da realidade do campo. Para ele "...o registro da vida indígena em cinema... é o mais precioso empreendimento. (...) O conhecimento detalhado dos movimentos do corpo e ritmo são necessários, ele só pode ser captado dessa maneira" (JACKINS *apud* PEIXOTO, 1999, p. 94). Boas afirma a necessidade de se buscar outras formas para a documentação da vida dos grupos indígenas, de certos momentos de produção cultural do grupo que o registro escrito não alcançaria. Apesar de não dizer que a etnografia é insuficiente para isso, ele vê na câmera um outro modo de captar "processos" culturais vistos pelo olho humano, como movimentos do corpo e ritmo.

Os filmes etnográficos partirão da prática de uma antropologia que divide com a imagem em movimento a construção de outra realidade que não é a vivida em tempo real, não substitui a etnografia nem é mais importante que a observação etnográfica. No entanto, o que a câmera faz é construir um olhar compartilhado, ainda que, de início (e ainda hoje?), tenha se baseado numa etnografia hiperdescritiva, assemelhando-se esses filmes aos científicos, como diz Novaes:

> Sempre me intrigaram as discussões a respeito dos filmes etnográficos. De certo modo é como se grande parte destas discussões ecoassem ainda os cânones que orientavam a elaboração dos inúmeros

filmes realizados pelo Institut für den Wissenschaftlichen Film. Os responsáveis por este Instituto do Filme Científico, de Göttingen, na Alemanha, ficaram famosos por terem sido dos primeiros a se dedicarem de modo sistemático à realização de filmes nas mais diversas áreas da ciência, apresentados sob a forma de verbetes enciclopédicos. Harald Schultz, por exemplo, realizou no Brasil uma série de filmes etnográficos entre os índios para esta Enciclopédia do Filme Científico. Há, nestes filmes, uma concepção de ciência que não vê grandes diferenças entre a descrição do sistema de circulação do sangue e o acontecimento de um ritual. Embora não desfrutem hoje da popularidade que tinham há algumas décadas, os filmes da Enciclopédia Científica acabaram por formar uma escola, cuja influência ainda pode ser percebida por exemplo, entre os franceses de Paris X - Nanterre. Esta influência se evidencia na coletânea de artigos organizada por Claudine de France, do filme etnográfico à antropologia fílmica, onde quatro dos cinco autores pertencem a esta escola. Todos estes autores estão ainda muito ligados a uma concepção de etnografia típica dos anos 30, hiperdescritiva, onde se supõe a possibilidade de uma total objetividade, e os fatos sociais são literalmente tratados como coisa. As exigências de realismo do filme etnográfico para estes autores não são em nada diferentes daquelas do filme científico. Para vários deles o filme é não só campo, mas, igualmente, o instrumento principal da pesquisa, instrumento que para eles se iguala ao microscópio para o biólogo ou os tubos de ensaio para os químicos. Neste sentido interações sociais são de algum modo equivalentes à evolução de bactérias ou à reação de elementos químicos (*NOVAES, p. 2, s. d.*).

A crítica a uma antropologia fílmica hiperdescritiva denuncia a contradição da imagem etnográfica audiovisual que insiste em ser somente produtora de um realismo fílmico como se pudesse seguir os mesmos pressupostos de uma etnografia clássica conforme sugerida por Marcel Mauss. A constante prática antropológica orientada para a compreensão do universo de valores em que os padrões de comportamento se sustentam tem agora na imagem criada por intermédio da câmera, pelo sentido determinado por seu usuário (antropólogo-cineasta), um novo espaço-tempo cultural construído na interação entre os sujeitos envolvidos na experiência etnofílmica e que deve ser pensada com cuidado.

Boas usa as imagens fotográficas e fílmicas como metodologia de pesquisa, um suporte para sua prática etnográfica, pois para ele as imagens eram documentos de pesquisa. Essa situação de entender os recursos visuais e sonoros, fotografia e cinema, como um registro reprodutor das atividades etnográficas vai aos poucos se alterando e começa a surgir uma compreensão mais ampliada dos filmes etnográficos, além do registro visual do trabalho de campo.

(...) a partir dos anos 50, a antropologia e o filme etnográfico mudam seu foco de interesse: as imagens deixam de ser simples ilustrações das situações de pesquisa, tornando-se parte constitutiva do trabalho antropológico (*PEIXOTO, 1999, p. 100*).

Os fimes etnográficos passam a ser vistos como instrumentos de pesquisa e documentos antropológicos. Assim, com o propósito de regular essa produção compartilhada, os antropólogos percebem que, em campo, deveriam ter cuidado em captar imagens "reais", autênticas, sem movimentos e efeitos especiais. O antropólogo deveria ser o operador da câmera ou diretor das filmagens (PEIXOTO, 1999).

A questão da objetividade da câmera vai ganhar terreno e fomentar debates, tendo em vista o uso da objetiva ter sido incorporado de forma irreversível às pesquisas in loco, oferecendo uma contribuição ímpar para o entendimento das culturas. Esse *cinéma vérité* (Dziga Vertov), expressão retomada nos anos 1970, aprofunda o debate sobre de que verdade estamos falando. A verdade dos povos filmados ou a verdade de quem comanda a câmera? Torna-se claro que a realidade filmada é sempre um ponto de vista de quem cria a representação, quem retrata as múltiplas verdades dos fenômenos sociais. A imagem técnica não consegue, pelo seu próprio caráter, ser 'purificada' pela antropologia. O cinema ganha, com isso, um estatuto de informação científica com os filmes etnográficos – e mesmo os documentários –, e a antropologia altera, com o cinema sua prática de campo.

Aos poucos percebe-se que as técnicas tanto audiovisuais como tradicionalmente antropológicas estão sempre em conformidade com as ideologias, os sentidos de quem as produz. Por outro lado, a própria etnografia tradicional também não possui um estatuto de neutralidade, como se supunha. O filme etnográfico é um instrumento que capta os fenômenos sociais visuais, oferecendo uma leitura possível entre outras tantas que existem. Ele é uma escolha daquele que o produziu.

 Contudo, o alicerce da observação participante continuou o mesmo, ou seja, é um fato inconteste de que todo conhecimento produzido sobre o outro é sempre fruto de uma experiência, uma observação feita em campo lenta, demorada, de um longo período com as pessoas filmadas para melhor conhecer suas práticas culturais já que o significado nunca pode ser dado *a priori* quando estamos em terreno antropológico. Uma antropologia da imagem não mostra a realidade como é, mas estabelece um diálogo intercultural mediado tanto pela imagem do outro quanto pela presença do sujeito pesquisador, seja ele antropólogo ou cineasta.

Robert Flaherty: o "nativo no seu dia a dia"

 A proposta de observação participante de Malinowski e Boas, de fato revolucionou o modo como se apreende o sentido da alteridade. O pesquisador que se isola num determinado grupo, ficando totalmente integrado à sua realidade cultural para compreendê-la em sua totalidade – chamado presente etnográfico – teve uma proposta que também se estendeu ao cinema que serviu de instrumento para a investigação científica e gerou um conhecimento oriundo da câmera. Robert Flaherty pensava isso quando afirmou que o filme deveria mostrar o nativo no seu dia a dia. No inovador *Nanook*, filme por ele dirigido na década de 1920,

Flaherty registra in loco a aventura diária do caçadores *inuis* (esquimós) canadenses na sua busca incansável por comida.

Inventor do documentário, como é apontado, no auge do cinema mudo, Flaherty combina entretenimento narrativo e representação da vida nativa com impressão de autenticidade. Visto como um idealizador da realidade *inui*, não se pode afirmar que buscasse imagens que documentassem etnograficamente o real da tribo, pois, com o uso de recursos expressivos do cinema como grandes planos, próprios do filme etnográfico, sua montagem de sequência imprimia aos acontecimentos uma impressionante espontaneidade, mas, ainda assim, destacava a atividade criativa do diretor-autor. Essa ilusão de verdade, contudo, libertou o cinema da segurança dos estúdios ao oferecer uma dramaturgia que recusou o artifício técnico dos padrões de captação de imagem, as técnicas artificiais cênicas e de iluminação.

Conforme alguns críticos questionam: *Nanook* é um falso filme de registro ou um registro fiel de uma reencenação? A câmera posiciona-se de forma a construir um olhar imparcial de quem observa o desenrolar dos acontecimentos de uma caçada. Os atores agem para a câmera que se posiciona de frente como um espectador da ação. O efeito dessas construções fílmicas, contudo, produzidas para o leitor-espectador, é variável, já que a imagem e a escrita acionam nossa subjetividade de forma distinta. Etnografia e imagem em movimento, cinema-fotografia, nos chegam de formas distintas. Flaherty não é amador, e se por um lado usa das técnicas da dramaturgia audiovisual, por outro não abdica do programa etnográfico. Segundo Ribeiro:

Estes são os princípios que orientaram o trabalho de Flaherty assentes em três princípios fundamentais:

1) Longa duração da experiência no local: o tempo do contato prévio, do conhecimento do objeto a filmar, da criação de laços de amizade ou confiança que permitam a participação das pessoas filmadas, enfim a filmagem, o visionamento e o *feedback*. (...)

2) Subordinação da filmagem aos dados dessa experiência e a uma ideia emergente do local, que mais tarde Jean Vigo chamaria "ponto de vista defendido inequivocamente pelo autor". Os filmes obedecem a projetos, a ideias. Em Nanook, "filmar a majestade inicial dos povos". Nenhuma ideia é viável, se poderá vir a se tornar filme, sem que seja ratificada pelos fatos passados ou presentes. A grande maioria das ideias nasce do conhecimento direto da comunidade, emerge do "real" desafiando-o, "o documentário, como a antropologia, é a exploração criativa da realidade" (*Crawford e Simonsen*).

3) Efeito de *feedback* entre a própria condução da experiência, o que a câmera dela vai revelando e a observação diferida das pessoas filmadas e com as pessoas filmadas" (*RIBEIRO, 2012, s. p.*).

Se *Nanook* flerta com a ficção (sabe-se hoje que os *inuis* encenavam fatos da sua vida cotidiana a pedido de Flaherty), também podemos dizer que não abandona os princípios de uma etnografia clássica, como aponta Ribeiro. Flaherty preocupa-se em mostrar um outro distante geográfica e culturalmente da civilização. A alteridade, condicionada pelo gelo, mostra-se para a câmera assim como o primitivo é visto pelo civilizado. O olhar encantado do diretor sobre o povo do gelo ("Nanook, o amável, o bravo, simples esquimó") ocupa-se em destacar as nuances da cultura, mas realçando sua condição não mais selvagem, como antes, ainda que não civilizada. "O desenvolvimento material torna-se primordial para se equiparar todos os povos, ainda que alguns mesmo fizessem parte da 'família humana', permanecessem numa condição dita primitiva" (*MATHIAS, Antropologia e Arte 2014, p. 73*).

A longa duração da experiência em campo com a câmera, o convívio direto com a comunidade e captura de imagens do grupo promovem o nascimento de uma imagem que compartilha a técnica do registro com a narrativa fílmica. Ainda assim, esse imbricamento de uma narrativa "dirigida" (que busca comprovar as práticas culturais dos "selvagens" do gelo) com a prática etnográfica coloca *Nanook* como um marco do cinema documental e de grande valor para a antropologia visual.

Dziga Vertov e o cinema-verdade

O russo Dziga Vertov entrou para a história do cinema não apenas como diretor do clássico *Um homem com uma câmera*, seu sétimo filme, mas também pelos inúmeros artigos que escreveu sobre o chamado cinema-verdade, cinema-olho. O próprio nome olho/verdade já explicita sua proposta ainda na década de 1920, quando capta o cotidiano dos habitantes de uma cidade pelo olho de uma câmera tal qual ele é visto. Precursor do documentário, Vertov queria que o filme fosse o mais semelhante possível à realidade, pois o olho humano era falho, enquanto o da câmera não. Sua câmera move-se constantemente, descrevendo os detalhes, busca as diferenças, desloca-se o mais longe possível para a compreensão do que não é possível enxergar, mas que está ali à sua frente no cotidiano. Em *Um homem com uma câmera* essa busca pelo real fica evidente.

Para Ribeiro, *Um homem com uma câmera* tem valor etnográfico como documento social e registro de uma época:

> O filme *Um homem com a câmera*, tem, para os antropólogos, um duplo valor etnográfico: o de produto documental da construção de uma nova sociedade e o de resultado de um novo modo de olhar (cinema) e apresentar (teorização, construção discursiva, montagem) (*RIBEIRO, 2012, s. p.*).

Vertov pensa o filme, os planos e a montagem como um conjunto de relações articuladas que se complementam como um todo sintática e semanticamente referencializado, criando uma nova forma de aproximação visual das culturas. O filme é capaz de completar o sentido do que é visto.

Para aqueles que começavam a realizar filmes etnográficos no momento em que o *cinéma-vérité* e o *direct* cinema americano revolucionavam o filme documentário, esta abordagem nos pareceu a única possível para filmar outras culturas (*MACDOUGALL apud PEIXOTO, 1999, p. 102*).

O interesse de Vertov estava exatamente em compreender a realidade cultural a partir de uma perspectiva documental como se nada pudesse intermediar a vida e sua representação. *Um homem com uma câmera* tem como proposta fílmica registrar de maneira imparcial (se é que isso é possível) as reações espontâneas das pessoas no dia a dia, sem uma narrativa estruturada para isso, como vemos nos filmes ficcionais. Vertov não tem um argumento no sentido clássico, mas mostra a vida no seu desenrolar.

Vertov também aparece no filme, buscando, com isso, imprimir uma realidade absoluta, fruto de sua experiência com as pessoas ali mostradas na Rússia do início do século XX, materializa o "estar-lá" do antropólogo. O filme não se limita somente a trazer os fatos tais quais foram vividos pelas pessoas comuns no dia-a-dia e capturados pela câmera. Vertov almeja alcançar a realidade antropológica dos acontecimentos e para isso utiliza-se de técnicas cinematográficas ampliando com a experiência visual e o sentido do experenciado.

Contudo, o filme, apesar de conter uma produção técnica pouco comum hoje aos filmes etnográficos, tem seu valor antropológico afirmado em todos os festivais contemporâneos. Vertov experiencia a realidade e busca, inevitavelmente, mostrar seu ponto de vista sobre ela, reapresentando-a, mas ao mesmo tempo tentando diluir essa fronteira. As técnicas usadas reforçam essa recriação autoral, reafirmando um olhar do diretor que ali presencia o cotidiano, mostrando-o como ele o viu, ou como se apresenta para ele. Essa concepção de cinema-verdade foi fundamental não somente para o cinema como para as reflexões antropológicas que se seguiriam além do registro visual do cotidiano russo.

Jean Rouch e a crítica etnovisual

O filme etnográfico ou o nome que venhamos a dar a ele não foi o mesmo depois do franco-nigeriano Jean Rouch e de sua vasta obra de mais de 100 filmes – longas e curtas – muitas vezes com câmeras leves de 16 mm. "Como filmar pessoas sem lhes mostrar suas imagens?", indaga Rouch. Fortemente influenciado por Dziga Vertov, de quem herdou o cinema-verdade, e por Robert Flaherty, pode-se dizer que Rouch reinventou o campo da antropologia visual. Formado em engenharia civil, vai ser na fronteira entre cinema e etnologia que oferece um imenso legado sobre costumes, rituais, religiões de povos africanos. É um cineasta inovador e cunha o termo antropologia compartilhada. Com uma câmera participante, desenvolve o que vai chamar de etnoficção, consolidando-se como um dos mais importantes intelectuais, cineastas e antropólogos do século XX, contribuindo de forma decisiva para o campo da antropologia visual. Segundo ele:

> Tudo que eu posso dizer hoje é que no campo o simples observador se modifica a si mesmo. Quando

ele está trabalhando ele não é mais aquele que cumprimentou o velho homem ao entrar na aldeia. (...), ele está cine-etno-olhando, cine-etno-observando, cine-etno-pensando. Aqueles que com ele interagem igualmente se modificam a si mesmos, a partir do momento em que confiam neste estranho habitual visitante. Eles etno-mostram, etno-falam, (...), etno-pensam, ou melhor ainda, eles têm etno-rituais. ... este permanente cine-diálogo que me parece um dos ângulos interessantes do atual progresso etnográfico: conhecimento. É mais um segredo roubado para ser mais tarde consumido nos templos ocidentais de conhecimento. ... o resultado de uma busca interminável onde etnógrafos e etnografados se encontram num caminho que alguns chamam de antropologia compartilhada (*ROUCH, 2003c, p. 185, apud GONÇALVES, 2007*).

Suas observações soam como uma crítica e reflexão sobre a prática antropológica audiovisual ao mostrar como o campo modifica o pesquisador, que não permanece o mesmo, modificando-se em contato com o outro. Seus filmes, notadamente *Moi, un noir* de 1958, destacam esta renovada antropologia que compartilha com o cinema a experiência de se recriar o vivido, numa autorreflexão permanente que espanta a tentativa de ser mais real por isso.

Em sua visão, a imagem em movimento é uma espécie de tensão entre o plano e a relação estabelecida com o outro. Ao trazer o distante, o "exótico", o diferente sem essencializá-lo, ele recria uma atmosfera comum do dia a dia vivido por povos até então desconhecidos do cinema. Ao fazer da antropologia um estar consigo mesma, uma constante experiência humana, estabelece com o outro uma permanente forma de estranhamento e reconhecimento, propondo pensar de forma inédita as práticas culturais ditas estranhas, mas vistas com a mesma naturalidade com que realizamos nossos hábitos mais corriqueiros. Com isso consegue fazer com que o povo mais distante possível fosse visto em seus hábitos mais estranhos de uma forma íntima e natural. A sensibilidade do antropólogo-cineasta permite a Rouch não encontrar separações entre documentário e ficção, transitando do real para o mundo imaginário.

> Para mim, como etnógrafo e cineasta, não existe quase barreira entre filme documentário e filme de ficção. O cinema, a arte do duplo, é sempre a transição do mundo real para o mundo imaginário, e etnografia, a ciência dos sistemas de pensamento dos outros, é um permanente cruzar de um universo conceitual para outro; ginástica acrobática, em que perder o pé é o mínimo dos riscos (ROUCH, 2003c: 185, apud GONÇALVES, 2007, p. 2).

O filme Os mestres loucos, sobre um ritual que existe há tempos entre os Haouka, no Togo, tem despertado acalorados comentários entre antropólogos e cineastas. Filmado em 15 de agosto de 1954, durante a cerimônia de posse de espíritos, ocorrida no festival anual dos Haouka, expõe, de modo realista, um dilema ético das imagens que Rouch capta sem artifícios visuais, a transfiguração de corpos em transe. Qual o limite em representar o outro? Até onde o olho da câmera mostra ou cria a alteridade? Premiado no Festival de Veneza de 1957, o filme detalha todos os acontecimentos do ritual desse povo com imagens em *close* de pessoas em situações de agitação, calma e tranquilidade na aldeia. O realismo impregna nossa imaginação com imagens e sons que revelam com simplicidade o que não estamos acostumados a ver. Rouch, reagindo a críticas de Marcell Griaulle, que o considera incorreto, afirma que o filme é uma oportunidade de se conhecer os costumes de sociedades tradicionais e não uma reprodução fiel desses costumes acontecidos unicamente no momento da filmagem. A câmera repete mil vezes o que a vida jamais repetirá.

    O filme é um marco da carreira de Rouch, que vê consolidar junto à crítica de cinema seu trabalho como cineasta. Contudo, fica clara também a relação entre o etnógrafo e a realidade vivida fora das imagens, que, apesar de parecerem bárbaras aos olhos do Ocidente, não assustam mais que as práticas coloniais levadas à África no século XIX. São essas imagens um tanto aturdidas que por um lado chocarão os desavisados, e por outro, darão a medida mais próxima da cultura humana como um processo de afirmação constante da nossa dimensão criativa e demasiadamente humana. Rouch propõe pensar e mostrar o outro pelo olhar dele próprio, não tentando, com isso, reinventar o real sem esquecer o compromisso ético com o outro. Em suas palavras:

> Eu já havia refletido muito sobre o absurdo de escrever livros inteiros sobre pessoas que nunca teriam

acesso a eles, e aí, de repente, o cinema permitia ao etnógrafo 'partilhar a antropologia' com os próprios objetos de sua pesquisa (*ROUCH apud MONTE-MOR, 1990, p. 20*).

A antropologia visual instaura-se num campo de estudo interdisciplinar, na fronteira entre a imagem da cultura e a cultura em si enquanto um conjunto de práticas. A relação estabelecida entre a realidade vivida e a fílmica é a grande chave de leitura das obras, entre elas documentários e filmes etnográficos.

A produção cinematográfica documental da primeira metade do século XX é vista como fundadora de uma antropologia visual e de um cinema ainda não acostumado ao campo, tais como os filmes de Robert Flaherty, *Nanook*, Dziga Vertov, *Um homem com uma câmera* e de Jean Rouch.

O ineditismo que *Nanook* oferece permite pensá-lo numa perspectiva visual de grande valor antropológico e, por isso, não é raro encontrá-lo presente nas mostras internacionais de filme etnográfico, ainda que sua proposta visual e narrativa se classifique como documental, autoral e mesmo com uma dimensão de narrativa ficcional tendo em vista as implicações da narrativa proposta por Flaherty.

Se existe uma verdade, ela pode ser captada pela câmera? É possível recriá-la? Vertov foi, a seu modo, também inédito ao criar um cinema documental partindo não somente de uma observação em campo, mas utilizando a câmera como também testemunha do acontecido uma tentativa de diluir as fronteiras entre a vida e sua representação.

A filmografia de Jean Rouch, uma antropologia compartilhada, será a consolidação da antropologia visual já na década de 1960. Existe um limite para se filmar o outro? Quem é esse outro filmado? Como a alteridade se mostra ou se deixa capturar pela tecnologia? Como pode o filme não ser mais real que a realidade? E ainda, "como ver do ponto de vista do nativo"?, senão devolver ao outro o que foi visto com as imagens dele! Essas questões não são conclusivas, e o campo da antropologia visual pode apenas reafirmar que a realidade e a imagem que temos dela são, sempre construções, visuais ou escritas feitas pela mão de seu criador.

CAPÍTULO 6

ANTROPOLOGIA VISUAL E CONTEXTO BRASILEIRO

As primeiras imagens em movimento realizadas sobre e no Brasil, no início do século XX, apresentaram os ameríndios brasileiros em suas terras ainda como "selvagens" e de uma forma idealizada. É possível dizer que elas constroem uma identidade visual do povo brasileiro ainda desconhecido fora do panorama das artes. Além disso, são imagens que inauguram uma prática de valor antropológico entre nós com vasto uso da câmera em campo pelos seus autores, seja para desenhar discursivamente os contornos de uma nacionalidade a ser resgatada e apresentada aos grupos urbanos, seja para mapear o povoamento do interior do país, com fins políticos.

Para tanto, apresentaremos os primórdios de uma filmografia de valor etnográfico realizada no Brasil já no início do século XX, como o trabalho do Major Reis, e ainda nos deteremos às produções de Eduardo Coutinho e sua prática etnográfica com a câmera. Ao final, abordaremos a inédita proposta dos cineastas indígenas desenvolvida pelo antropólogo Vicent Carelli em aldeias brasileiras e entenderemos como essa proposta subverte a lógica da autoria das representações, ou seja, como a imagem audiovisual é construída pelo próprio grupo indígena, por dentro. Essas produções têm sido vistas com bastante frequência nas mostras de filmes etnográficos, além de alcançar um público maior, o que nos impõe sua seleção como recorte dessa pesquisa, além de ir ao encontro do objetivo deste livro.

Deixamos ainda claro que nesse momento as fronteiras entre filme etnográfico e filme documental permanecem diluídas, assim como o olhar etnocêntrico sobre o outro e o olhar de dentro sobre a própria cultura se materializam, amplificando o campo da antropologia visual para além das fronteiras antropológicas.

As tecnologias da imagem e da realidade

Não resta mais dúvida sobre a importância das tecnologias visuais (fotografia/cinema) para a prática antropológica. A produção audiovisual ganhou força a partir dos anos 1990 com a larga popularização das câmeras fotográficas e dos celulares e já neste século, pelo acesso cada vez mais universal do vídeo como meio de registro do tempo. Para a antropologia isso não poderia ser diferente. Há mais de um século o uso desses equipamentos já começara a revolucionar a prática de campo.

No Brasil, veremos emergir, principalmente a partir da década de 1990, novas experiências de filmes antropológicos, muitos deles herdeiros do Cinema Novo e que veem no documentário uma aproximação inevitável que influenciará os trabalhos da chamada antropologia compartilhada, como diz Rouch. Segundo a antropóloga Patricia Monte-Mor, no texto de apresentação da I Mostra Internacional do Filme Etnográfico:

> Para efeito deste evento, selecionamos os títulos entendendo por filme etnográfico tanto aquelas descrições não ficcionais que são resultado de uma vivência efetiva do cotidiano, dos rituais, das relações sociais de diferentes grupos, de diferentes povos, por parte dos realizadores, quanto obras menos formais. Também se incluem os relatos fílmicos dos viajantes, de expedições, registros de culturas e sociedades, que se revestem a *posteriori*, de interesse antropológico (*MONTE-MOR, 1993, p. 7*).

A Mostra estabelece um critério, um conceito, do que vem a ser um filme etnográfico e também seu respectivo interesse antropológico. Aos poucos, o campo da antropologia visual amplia-se, partindo de uma prática de campo tradicional aliada ao uso de tecnologias fotográficas e audiovisuais. Multiplicam-se os centros de pesquisa e departamentos de antropologia, encontros e congressos com pesquisadores interdisciplinares, mostras de filmes etnográficos a um público brasileiro pouco familiarizado com esse gênero etc, consolidando, lentamente, o campo de pesquisa.

Ao redor do Brasil (1932) – Thomaz Reis

Ao redor do Brasil – Aspectos do interior e das fronteiras, do major Thomaz Reis, de 1932, inaugura para alguns críticos brasileiros, a etnografia fílmica ainda na primeira metade do século passado. Major Luis Thomaz Reis, a serviço da expedição do Marechal Rondon, capta as primeiras imagens de um Brasil ainda desconhecido e de quando o cinema sequer possuía uma gramática narrativa, filmando os indígenas Bororo, termo que significa *pátio da aldeia*, localizados em Mato Grosso. As imagens destacam um acentuado equilíbrio nos planos e nos cortes, demonstrando bastante destreza tecnológica. Sua missão pelo interior do Brasil fazia parte da Comissão Rondon, que organizou o projeto e originou *Ao redor do Brasil*. Tinha como integrante o Major Luiz Thomaz Reis, responsável pela Seção de Cinematograhia e Photographia, criada em 1912.

Segundo Tacca (2002*)*, os filmes encontrados e que estão preservados na Cinemateca Brasileira, são: *Rondonia* (1912), de Edgar Roquete Pinto, 13 min; *Rituaes e festas Bororo* (1917), de Thomaz Reis, 20 min; *Ao redor do Brasil – aspectos do interior e das fronteiras brasileiras*, (1932), de Thomaz Reis, que inclui: *Ronuro, selvas do Xingu*, 15 min; *Os Carajás*, 10 min; *Viagem ao Roraimã* (1927), de Thomaz Reis, 10 min; *Parimã, fronteiras do Brasil* (1927), de Thomaz Reis, 24 min; e *Inspetorias de fronteiras* (1938), de Thomaz Reis, 80 min.

Sua visão fílmica guarda semelhança com as imagens de índios brasileiros como os retratados por artistas viajantes, vistas no capítulo 3. Ao longo do filme, vemos imagens do interior da floresta, suas riquezas naturais, a exuberante natureza e, claro, seus povos, como os Nambiquaras, os Ianahuquás entre outros. As imagens do vídeo, recortadas por textos, ilustram as aventuras da expedição, que encontra dezenas de desafios e surpresas.

Patricia Monte-Mor coloca Reis como o primeiro documentarista etnográfico do Brasil. Major Reis fez parte da Comissão Rondon nas primeiras três décadas do século XX. No Brasil, o registro etnográfico de comunidades indígenas começou a se destacar com a Comissão Rondon. Essa produção teve pouca visibilidade nos estudos e publicações na área. Segundo Eduardo:

> E nossos historiadores e críticos de cinema? Jean-Claude Bernardet sequer o menciona em *Cinema Brasileiro: Proposta para uma História e Historiografia Clássica do Cinema Brasileiro*. Em *Cinema: Trajetória no Subdesenvolvimento*, Paulo Emilio Salles Gomes, quando desenvolve a periodização de 1912 a 1922 e de 1922 a 1933, centra em Antonio Leal, Luís de Barros, José Medina, Humberto Mauro e Antonio Tibiriçá, entre outros, sem também incluir Thomaz Reis. Alex Vianny deixa-o na invisibilidade em *Introdução ao Cinema Brasileiro*. Cuidado maior, mas não expressivo, explicável pela própria evolução da historiografia do cinema brasileiro, mas também pela rapidez dessa nova historiografia em suas avaliações, tiveram Patricia Monte-Mor em "*Tendências do Documentário Etnográfico*" (em Documentário no Brasil) e Amir Labaki em *Introdução ao Documentário Brasileiro*. Justiça tímida. Patricia Monte-Mor coloca-

-o como o primeiro documentarista etnográfico, parte da Comissão de Linhas Telegráficas e Estratégicas do Mato Grosso e Amazonas, a Comissão Rondon, para a qual trabalhou entre 1912 e 1938, com "produções fílmicas bem cuidadas, consideradas excepcionais para a época". Em seu artigo, de qualquer forma, Reis ocupa menos de três páginas. (*EDUARDO, s. p., s. d.*).

Rondon tinha consciência da importância da publicidade de suas ações e, principalmente, da repercussão que a veiculação dessas imagens poderia ter na construção de um estado-nação. Segundo Meneses (2008, s/p.), o objetivo de Reis com o filme era mesmo construir um registro da construção do Brasil enquanto nação. Sua ideia, continua o autor, vai ao encontro do pensamento dos modernistas da época.

O que vem a seguir monta definitivamente o quadro conceitual utilizado por Thomaz Reis. É outra cena de refeição, só que nessa tomada Reis e Vasconcellos sentam-se sobre um tronco de árvore, na companhia de vários índios, com o seu chefe à esquerda de Vasconcellos, que come com as mãos diretamente em uma cuia. Em um dado momento, Vasconcellos pega um punhado dessa comida e passa para o lado, para o chefe, à altura de sua boca, como se faria com crianças e animais. O chefe, por sua vez, pega a comida com as próprias mãos, não deixando que Vasconcellos a coloque em sua boca e, portanto, recusando ser colocado naquele lugar, por mais que Vasconcellos tente novamente fazer com ele a mesma coisa. A isso se soma a frase no intertítulo: "Os índios mostram-se pacíficos, mas muito reservados". A partir daí faz-se uma série de tomadas dos índios, várias delas de casais, em plano americano, dos joelhos para cima, que, somadas às inúmeras tomadas quase estáticas de primeiro plano que veremos desfilar por todo o filme e sobre todas as etnias, transformam-se em uma espécie de taxinomia dos povos indígenas que ali habitam, mas que ainda não são brasileiros, pois ainda não podem fazer parte da nação, a não ser que se pacifiquem e abandonem seus hábitos nativos. Isso não deixa de remeter às taxinomias de animais em extinção, além de pássaros e insetos, presentes nos museus de história natural, curiosamente o mesmo lugar onde se colocam os estandes destinados aos povos "primitivos".

Como já discutimos anteriormente, os filmes etnográficos são registros de caráter antropológico de uso específico na observação em campo. Geralmente, chamados de documentários, seguem uma metodologia antropológica e buscam compreender as diferentes sociedades e culturas, com imagens panorâmicas e *close*, destacando o ambiente e/ou o grupo visto. Os "documentaristas" valem-se de papel e caneta, de máquinas fotográficas e câmeras filmadoras. Major Reis não era antropólogos e em sua missão não pretendia fazer um registro etnofílmico do Brasil, mas a trabalho e a propósito de uma comissão de Estado e com ela guarda afinidade, ao mostrar uma nação e seus diversos povos constituintes bem ao gosto do modernismo nacionalista brasileiro. Segundo Meneses (*in* Novaes, 2005, p. 117), neste sentido: "(...) a cena termina com Reis nos mostrando o apogeu do projeto civilizador imputado àqueles "selvagens": uma índia, devidamente civilizada, e ainda por cima casada com um, pasmem, funcionário público (...)".

Os filmes de Reis apresentam, contudo, nossa primeira produção não ficcional, de cunho documental. Recentemente, começam a aparecer nas mostras brasileiras de filmes etnográficos seja pelo seu caráter fundador da cultura visual entre nós, seja também pelo ineditismo, mesmo ideológico, de uma gramática fílmica brasileira que busca confirmar o caráter étnico do interior do país e, com isso, afirmar seu ufanismo nacionalista.

As personagens reais de Eduardo Coutinho

O documentarista Eduardo Coutinho criou uma linguagem cinematográfica peculiar e seus filmes têm aparecido com frequência nos estudos e mostras de filmes etnográficos. Como sabemos, Coutinho não era antropólogo, mas deixa um amplo registro de imagens audiovisuais sobre o cotidiano dos brasileiros tanto do interior do país quanto das grandes metrópoles. Análises recentes de filmes como os de Coutinho classificam essa produção como "cinema da palavra". Sua proposta vale-se de uma metodologia de exploração, como fala France (2000), tendo em vista o cinema ser usado como meio de pesquisa, com personagens que apresentam suas histórias em depoimentos fruto de um falar espontâneo distante do método clássico de entrevistas, como se vê com frequência em documentários, sendo as falas não roteirizadas.

Nos filmes de Coutinho, os personagens contam suas próprias histórias sem uma motivação maior em responder a uma demanda de um cineasta que usa suas falas como suporte para corroborar sua tese. Fazendo um paralelo com a diferença entre autor e escritor, bem lembrado por Geertz:

> O autor cumpre uma função, diz Barthes; o escritor exerce uma atividade. O autor participa do papel do sacerdote, o escritor do papel exercido pelo escriba. Para um autor escrever é um verbo intransitivo – 'ele é um homem que absorve radicalmente o porquê do mundo num como escrever'. Para o escritor, 'escrever' é um verbo transitivo - ele escreve algo (*GEERTZ, 2009, p. 32*).

Nesse sentido, as personagens de Coutinho seriam "autoras" de suas próprias histórias, não estando meramente a responder às demandas *a priori* do argumento do filme. Em *O fim e o princípio*, o diretor sai à procura de histórias pessoais pelo interior no Nordeste, de pessoas que queiram contar para a câmera sua própria experiência com o mundo. Essa modalidade de "pesquisa" oferece aos marginalizados socialmente a oportunidade de apresentar eles próprios suas leituras do mundo, suas visões de si mesmos e do cotidiano que vivem.

Desde o começo do filme ele explica que não está em busca de narrativas que atendam a um roteiro prévio de seu filme. A possível protagonista do filme é Rosa, uma agente da Pastoral da Criança que leva Coutinho e a equipe às casas do povoado. O diretor está em campo para ouvir histórias de vida e, para isso estaria viajando a várias cidades para encontrar pessoas dispostas a narrar isso, que tenham vontade de apresentar de modo autoral suas próprias narrativas.

(...) a história de vida procura ver o passado através do específico microcosmo da vida de um indivíduo. Dependendo da inclinação teórica do pesquisador, este indivíduo pode ser um membro típico ou representativo de sua comunidade (de forma que sua história de vida simbolize a de todos cujas histórias não tenham sido registradas) ou uma pessoa 'extraordinária' (*ANGROSINO, 2009, p. 66*).

O documentarista dispensa a pesquisa prévia, como ele mesmo diz, as locações e temas definidos, vai a campo inclinado a encontrar apenas pessoas comuns com histórias para contar. Na cidade de São João do Rio do Peixe, descobre uma comunidade rural disposta a contar - cada pessoa - sua história de vida, todas elas marcadas por um forte catolicismo e pelos laços de parentesco. Seus entrevistados têm sempre a possibilidade de eles próprios se constituírem como personagens.

O Fim e o Princípio ilustra uma preocupação em mostrar mais as capacidades das pessoas em se transformarem em personagens, do que o próprio conteúdo de suas falas. Se nos outros filmes era possível ter no lixão ou na vivência no prédio ou favela motes mais quentes para uma conversa prolixa, neste as histórias parecem mais difíceis de começarem a se desenrolar. Os moradores da comunidade dos Araçás, município de São João do Rio do Peixe, sertão da Paraíba, apresentam-se mais silenciosos em relação ao espaço árido que os une e às próprias relações de parentesco longínquo. As conversas parecem um trabalho artesanal de buscar em cada entrevistado uma experiência que não é ilustrativa de nenhuma teoria científica, mas de uma sabedoria construída por este personagem na sua relação com aquele ambiente sertanejo (*SILVA, 2010, s. p.*).

O que vemos em Coutinho é oposto do que Bernardet (*apud* Silva, 2010) chama de modelo sociológico de documentário, em que a voz *off* de um locutor narra a história por cima das imagens consturando as ideias centrais do filme, intercalando depoimentos de pessoas. Para Bernardet, a voz *off* confirma e justifica a tese do diretor, sendo ela homogênea e regular, nunca falando de si, mas de uma suposta neutralidade vindo da realidade dos entrevistados.

Em *O fim e o princípio* é exatamente isso que não observamos. As personagens não representam a tese do diretor em busca de justificativa para uma verdade dada *a priori*. Esse cinema da palavra apresenta as condições próprias da elaboração dos depoimentos, articulando essas falas num processo de constituição dos sujeitos. Com isso, aparece negada a técnica da entrevista, mas não a de conversas junto à câmera. O que percebemos é que as pessoas filmadas passam de objetos a sujeitos que constroem suas próprias histórias, sem intervenções do diretor, que não está ali para alcançar a comprovação de sua tese, usando para isso estratégias clássicas do documentários como, por exemplo, a estruturação dos diálogos por intermédio de entrevistas.

A documentação do cotidiano, tal como ele é vivido, percebido e analisado pelos próprios personagens-cidadãos, confere a Coutinho um lugar na antropologia visual, ainda que não possamos classificá-lo como criador de filmes etnográficos, o que não era seu objetivo, mas sem dúvida como um proponente de novos olhares e práticas audiovisuais influenciados pela antropologia e que busca restituir a autoria da fala a sujeitos tradicionalmente tratados como objetos de pesquisa.

Projeto Vídeo nas Aldeias

O projeto Vídeo nas Aldeias nasceu em 1987, no Centro de Trabalho Indigenista (CTI), uma organização não governamental fundada em 1979 por um grupo de antropólogos e de educadores que desejavam estender sua experiência inicial de pesquisa etnológica na forma de programas de intervenção adequados às comunidades indígenas com as quais se relacionavam.[3] O vídeo desses "cineastas indígenas", conduzido por Vincent Carelli, tem como pro-

---

3. Texto informado na página http://www.ufrgs.br/ppgas/ha/pdf/n2/HA-v1n2a05.pdf

posta oferecer um olhar indígena sobre suas próprias produções culturais.

O projeto realizou vários vídeos presentes em festivais de filmes etnográficos, documentais e de cinema em muitas partes do mundo. Sustentado pela chamada visão do nativo porque realizados por este, os filmes apresentam um trabalho inteiramente feito pelos povos da floresta, que receberam treinamento em tecnologia audiovisual, segundo seu idealizador Vincent Carelli.

A proposta parte da ideia de que a própria comunidade ameríndia deve organizar e escolher visualmente o que ela quer mostrar e contar, como forma de fortalecer suas manifestações culturais. Alcança com isso o objetivo de valorizar a identidade dos povos indígenas a partir de sua autorrepresentação, o que se mostra inédito pelo menos para a antropologia, tendo em vista ser um olhar de dentro sobre a própria cultura. Pode-se dizer que há três linhas de trabalho: a formação, a produção e a divulgação, como informam as linhas do projeto, que busca desconstruir a imagem de exótico do indígena. Nesse sentido, vemos que o trabalho é uma possibilidade de se elaborar outras estratégias discursivas com o outro, criando um ato de resistência à dominação cultural, tecnológica e científica. Para Spivak (2010), todo ato de resistência não pode ocorrer em nome de outro, que ele nomeia subalterno, sem que, com isso, exista uma repetição do discurso hegemônico. "Spivak alerta, portanto, para o perigo de se constituir o outro e o subalterno apenas como objeto de conhecimento por parte de intelectuais que almejam meramente falar pelo outro" (ALMEIDA *apud* SPIVAK, 2010, p. 14).

Não podemos, contudo, dizer que estamos no campo de uma antropologia clássica com o vídeo nas aldeias, nem mesmo de filmes etnográficos, tendo em vista um trabalho feito "por dentro", como dissemos, pelos indígenas. De todo modo, a proposta tem um valor de filme etnográfico, ainda que a filmagem seja realizada em função da câmera como vemos no video *A festa da moça*. À medida que apresenta o encontro dos índios Nambiquara com a sua própria imagem durante um ritual de iniciação feminina, o vídeo desencadeia várias reflexões sobre a identidade do grupo quando as imagens são apresentadas a eles. No ritual, A "moça nova" fica fechada desde sua primeira menstruação, até as aldeias aliadas virem celebrar o fim da sua reclusão. Ao final do ritual, os índios assistem às imagens e ficam assustados com a quantidade de roupas que usam, entre outros signos externos à cultura ameríndia e que utilizam. A partir daí, refazem novamente a festa com o mesmo rigor que manda a tradição, mas agora retomam práticas de perfuração e pintura corporal como índice de corporalidade da sua cultura.

Construir, através da mídia audiovisual, informações para o público leigo ou para o círculo restrito dos especialistas, representa certamente uma experiência valiosa para a reflexão antropológica. Mais interessante ainda é construí-las com e para os sujeitos da pesquisa: as comunidades indígenas. Retorno, *feed-back*, antropologia interativa ou compartilhada, como pregava Jean Rouch, são princípios muitas vezes declarados, mas raras vezes concretizados. O que as comunidades estudadas, fotografadas e filmadas esperam da interação que estabelecem com antropólogos não são, apenas, as fotos, os filmes editados ou as teses prontas. Entretanto, é essa forma mecânica de retorno que a maior parte dos etnólogos concebe e pratica. O projeto de vídeo do CTI se propõe inverter e enriquecer essa relação. Ao invés de simplesmente se apropriar da imagem desses povos para fins de pesquisa ou difusão em larga escala, esse projeto tem por objetivo promover a apropriação e manipulação de sua imagem pelos próprios índios. Essa experiência, essencial para as comunidades que a vivenciam, representa também um campo de pesquisa revelador dos processos de construção de identidades, de transformação e transmissão de conhecimentos, de formas novas de autorrepresentação (*GALLOIS, 1995, p, 68*).

Segundo o próprio Vincent Carelli, a ideia é intensificar a relação entre os índios e também fortalecer sua identidade cultural pela imagem. Isso se torna possível uma vez que os próprios indígenas têm a chance de manipular suas imagens, o que nem mesmo a etnografia alcançou (ainda que não fosse sua proposta).

Novos olhares de uma etnografia do vídeo

Mesmo uma antropologia fílmica brasileira flerta com os mesmos problemas e práticas antropológicas, pois a questão está para além do uso técnico da imagem do outro. Em muitas situações, retomamos um projeto antigo de tornar visual a cultura brasileira, mas com fortes traços ideológicos como o que vimos no caso brasileiro das primeiras imagens sobre o Brasil do major Thomaz Reis tendo em vista sua proposta ser a de um projeto político.

Por outro lado, ainda a experiência em campo é a marca de toda a produção audiovisual, o que caracteriza o fazer antropológico. O documentarista Eduardo Coutinho busca compreender pela voz do outro, e suas histórias de vida em depoimentos para a câmera, seu cotidiano a partir de uma fala que externaliza uma vontade própria. Guardada a problemática de "falar para uma câmera" sem reproduzir a experiência vivida no cotidiano como ele é, seus filmes acionam uma reflexão mais aguçada sobre a identidade na cultura e seus dilemas e contradições.

Por fim, o projeto Vídeo nas Aldeias, elaborado pelos ameríndios de várias tribos brasileiras, propõe capacitar tecnologicamente aldeias indígenas a fim de que elas próprias manipulem suas imagens e histórias num processo constante de autorrepresentação cultural.

Essas experiências brasileiras distantes no tempo configuram uma tentativa de se criar um olhar aproximado, talvez compartilhado, em alguns casos, sobre o uso da câmera em situações de valor antropológico. Seu alcance extrapola os limites do filme entográfico mas não invalida seu conceito, o que nos permite inseri-los como objeto de estudo de uma antropologia visual ou de uma etnografia do vídeo.

CAPÍTULO 7

IMAGEM, ANTROPOLOGIA E CRÍTICA

Este último capítulo busca retomar o debate que ao longo do livro realizarmos sobre antropologia, imagem, fotografia, vídeo e filmes etnográficos, refletindo criticamente sobre as representações visuais e os caminhos da antropologia e etnografia na atualidade. Uma crítica à imagem (cinematográfica e antropológica) como suporte de veiculação de um discurso hegemônico é importante, tendo em vista o vasto alcance das representações visuais na contemporaneidade.

A partir da segunda metade do século XX, emergiu no terreno das ciências sociais, num contexto de descolonização pós-Segunda Guerra mundial, a chamada crise da representação dos discursos dominantes. O abalo de ordem epistemológica alcançou toda a estrutura do conhecimento ocidental, seus pilares, seus sujeitos e suas verdades passaram a ser revisitadas, descontruídas e colocadas sob suspeita. A etnografia, que não ficará livre dessa revisão crítica, será, na chamada pós-modernidade, objeto de desconfiança do paradigma hermenêutico da antropologia, assim como a imagem (vídeo-cinematográfica ou fotográfica) se submeterá também a essa revisão. Pode-se dizer que a crítica atual feita à antropologia alcança a antropologia visual na medida em que a imagem, utilizada como técnica de pesquisa, padece dos mesmos problemas da etnografia clássica.

Como o significado das imagens muda com o tempo quando são vistas em contextos e por públicos diferentes, sua compreensão tem sido altamente influenciada, dirigida e determinada pela ficção cinematográfica. As imagens, mesmo antropológicas, nem sempre são feitas apenas para o público específico, guardadas as especificidades de sua produção. Jean Rouch disse certa vez que fez filmes em primeiro lugar para ele mesmo, em segundo lugar, para as pessoas que participaram nos filmes e, finalmente, para o maior número de pessoas, para todo o mundo (EATON, *apud* BANKS, 2009, p. 127). E "esse todo mundo" cada vez mais tem sido atingido com a ampliação do circuito dos filmes e fotografias etnográficas presentes na mídia, nas exposições e nos festivais especializados.

Além disso, as imagens devem ser vistas na perspectiva do contexto de origem e de produção, de modo a se compreender melhor seu estatuto e sua gramática. O cinema e a antropologia aparecem no século XIX debruçados sobre aspectos semelhantes, ambos olhando para culturas e povos distantes. Contudo, apresentam a realidade com propósitos distintos. Se as imagens em movimento buscaram descrever o vivido como ele possivelmente era visto, ideia essa presente no positivismo daquele século, a antropologia reage a tal proposta pois que a realidade é sempre uma entre outras descritas pelo antropólogo e sempre um olhar dele, como atualmente se afirma. Uma crise da representação veremos emergir nas produções audiovisuais, anteriores à escrita e sustentadas pela antropologia visual. Segundo Devereaux (*1995, p. 332 apud Ribeiro, 2005*):

> bem à frente da representação da escrita, os filmes documentais e etnográficos começaram a tomar consciência das dificuldades implicadas na representação de outros mundos e pessoas através do *medium* imagens (...)

Antropologia hoje: caminhos e crítica

Foi no século XIX que a imagem foto-cinematográfica nasceu, contribuindo definitivamente para a afirmação da sociedade moderna. Etnografia e imagem aparecem unidas no mesmo projeto de descrição-compreensão (e, por que não dizer também, dominação?) do outro. Boas, Malinowski, Lévi-Strauss e tantos outros utilizaram, como já dissemos em capítulos anteriores, as tecnologias da imagem como mais um recurso para suas pesquisas em campo que ganharam força seja pela prática intensiva do registro, seja pelo uso cada vez mais autônomo da imagem como possibilidade de se ver mais além, de ver o que os olhos não viam.

Os antropólogos Margaret Mead (1901-1978) e Gregory Bateson (1904-1980), no ano de 1939, retornaram de Bali e Nova Guiné com vasto material fotográfico e etnográfico. Sua pesquisa antropológica tornou-se referência importante para a antropologia visual. Realizaram um trabalho extenso que durou dois anos, fizeram 25 mil fotos e 6 mil metros de filme 16 mm, além de recolher depoimentos e artefatos no intuito de "retratar" a cultura do grupo estudado. Dessa pesquisa, resultou o livro *Balinese caracter*.

Inúmeros trabalhos de campo tiveram a imagem não apenas como auxílio da escrita como também tecnologia destacada para se compreender em um outro tempo, num outro momento, a cultura etnografada. O antropólogo, este visitante-estrangeiro intruso, tem lançado mão de uma escrita que busca interpretar e explicar os sentidos da alteridade cultural. Desde a constituição da antropologia como ciência no século XIX e sua consolidação no século XX, até a presente data, pelo menos quatro modelos explicativos emergiram da pesquisa de campo, oferecendo um registro (escrito e visual) e uma interpretação da cultura humana de forma distinta. Oliveira (1995, s.p.), no texto *Antropologia e a crise*, nos textos explicativos, resume esses quatro modelos paradigmáticos que sustentam a ciência antropológica. Para ele:

> O racionalista (e estruturalista em sua acepção levi-straussiana), gerado no interior da tradição intelectualista europeia continental através da Escola Francesa de Sociologia; o estrutural-funcionalista, cuja origem se deu na tradição empirista igualmente europeia, porém insular, através da Escola Britânica de Antropologia Social; o culturalista, também abrigado na tradição empirista anglo-saxônica, mas surgido na Escola Histórico-Cultural Norte-americana; o hermenêutico,

vinculado à tradição intelectualista europeia continental, reavivado, todavia, pelo movimento interpretativista norte-americano, em tentativa de recuperação tardia de uma perspectiva filosófica do século XIX.

Os três primeiros representam uma antropologia que, pelo modelo interpretativo, oferece uma explicação mais que uma experiência de campo em si, de um "estar-lá", do que de fato de um recorte "sincero" da cultura etnografada. Isso porque, a partir da segunda metade do século XX, com o pós-colonialismo, a relação assimétrica entre os que perguntam e os que são perguntados – destacada pelo modelo hermenêutico – ficou explícita. Difícil, então, é afirmar se essa relação, concretizada pela pesquisa etnográfica, em algum momento, não tenha sido conduzida também por uma vontade de saber centrada num registro de campo representativo do caráter científico obtido e autorizado pela presença do antropólogo in loco. Segundo Geertz (2009, p. 176):

> Tudo isso fica ainda mais terrível, levando a gritos angustiados de perigo e crise, pelo fato de que, ao mesmo tempo em que as fundações morais da etnografia foram abaladas, do lado do Estar lá, pela descolonização, suas fundações epistemológicas foram abaladas, do lado do Estar Aqui, por uma perda generalizada da confiança nas histórias aceitas sobre a natureza da representação, etnográfica ou de outra natureza.

O que vemos mais claramente, num mundo em que as tecnologias de comunicação globalizam experiências, onde o aqui e o lá se confundem e tornam-se uma questão não mais geográfica, sobretudo técnica, é um embaralhamento de antigas certezas e verdades objetivas defendidas também pela ciência. As histórias apresentadas pelos antropólogos a partir das suas idas e vindas a campo agora concorrem com narrativas produzidas em múltiplos espaços-tempo por atores os mais diversos, inclusive os próprios "objetos de pesquisa". Como lembra Caldeira (1988, p. 133):

> Já vai longe o tempo em que o antropólogo, depois de passar algum tempo junto a um grupo estranho, escrevia textos em que retratava culturas como um todo e em que tranquilamente afirmava como os Trobriandeses vivem, o que os Nuer pensam, ou no que os Arapeshi acreditam. O antropólogo contemporâneo tende a rejeitar as descrições holísticas, se interroga sobre os limites da sua capacidade de conhecer o outro, procura expor no texto as suas dúvidas, e o caminho que o levou à interpretação, sempre parcial. As regras implícitas que regem a relação entre autor, objeto e leitor, e que permitem a produção, a legibilidade e a legitimidade do texto etnográfico, estão mudando. Esta mudança está associada ao processo de autocrítica por que passa a antropologia hoje, em que os mais variados aspectos de sua prática vêm sendo questionados e desconstruídos.

O realismo etnográfico de uma prática de campo que revela uma verdade universal da escrita/imagem de um "outro" cultural explicado e que afirma uma imparcialidade científica parece ter-se trincado. A crise por que passa a antropologia, inaugurada pela crítica à escrita etnográfica, coloca em questão a suposta neutralidade tanto da escrita quanto da presença do antropólogo na aldeia, bem como de seu contato com seus informantes.

> A distância entre interagir com outros onde eles estão e representá-los onde não estão, sempre imensa, mas não muito notada, de reprente tornou-se expremamente visível. O que antes parecia apenas tecnicamente difícil – introduzir a vida 'deles' em 'nossos' livros – tornou-se delicado, em termos morais, políticos e até epistemológicos (GEERTZ, 2009, p. 170).

A crise que o modelo hermenêutico colocou bem no colo da antropologia clássica serviu para questionar os alicerces da ciência do outro, e também tem contribuído para garantir uma reflexão da prática de campo que há muito se manteve ligada bastante à visão autoral dos seus mestres e à problemática ética em mostrar este outro-lá a um nós-aqui. A prática antropológica, nesse sentido, sustenta uma suposta imparcialidade do pesquisador, sem se dar conta da criação de um texto que mais diz sobre o próprio autor. Segundo Geertz (2009, p. 21), um resultado focado numa autorreferência, muito mais num "porquê" de mundo ser o que ele apresenta do que num "como escrever".

Os antropólogos estão imbuídos da ideia de que as questões metodológicas centrais envolvidas na descrição etnográfica têm a ver com a mecânica do conhecimento (...) atribuem suas dificuldades para construir tais descrições à problemática do trabalho de campo, e não à problemática do discurso.

Nessa concepção, o discurso da etnografia funcionaria em muitos textos antropológicos como "imagem" autoral que reflete uma forma "estética" – poética? – sobre o outro, como vimos no capítulo 2. Esse panorama não poderá deixar de contaminar também a antropologia visual, que já nasceu presa a uma permanente indagação sobre os problemas oriundos da imagem enquanto suporte para descrever, visualizar, recortar e analisar outra cultura. Tal observação não deve ser compreendida como uma tentativa de, ao se promover uma autorreflexão sobre o que se faz em campo, desconsiderar o resultado alcançado.

Pink (*apud* Banks 2009, p. 17), sobre o que chama de abordagem reflexiva em ciências sociais, afirma que:

> Não é simplesmente uma questão de detectar e eliminar desvios para que a objetividade positivista possa ser restaurada. Ao contrário, a abordagem reflexiva é baseada em um desenvolvimento teórico em antropologia e outras disciplinas que criam representação etnográfica escrita.

A partir dessas críticas aos modelos antropológicos clássicos, consequentemente, também o campo da antropologia visual aparece submetido às mesmas indagações que, aliás, nunca cessaram. Será que essas imagens etnofotográficas não (sub)representariam o real mais do que a própria realidade? O material fotográfico, antes de ser cópia da realidade é texto, afirmação e interpretação sobre o real de um dado momento, selecionado por um recorte específico de um pesquisador em campo que muda constantemente quando está lá, como lembra Jean Rouch.

A ficção da imagem fotográfica

Por outro lado, a questão de uma "autoria" do texto etnográfico tem sido atualmente uma das chaves da crítica da leitura antropológica que questiona, entre outras coisas, a suposta neutralidade do método de pesquisa. Se esse debate tem postulado visões acaloradas sobre os autores clássicos da antropologia, e o trabalho de campo por eles produzido, a imagem fotográfica sempre esteve submetida a um processo de intensas críticas. De acordo com Dubois (1993, p. 26), ao longo da história da fotografia três reflexões podem ser feitas sobre o princípio da realidade fotográfica:

> 1) A fotografia como espelho do real (discurso de mimese). O efeito da realidade ligado à imagem fotográfica foi princípio atribuído à semelhança existente entre a foto e seu referente. De início a fotografia só é percebida pelo olhar ingênuo como um 'analagon' objetivo do real. Parece mimética por essência.

2) A fotografia como transformação do real (o discurso do código e da desconstrução). Logo se manifestou uma reação contra esse ilusionismo do espelho fotográfico. O princípio da realidade foi então designado como pura 'impressão', um simples 'efeito'. Com esforço tentou-se demonstrar que a imagem fotográfica não é um espelho neutro, mas um instrumento de transposição, de análise, de interpretação e até de transformação do real, como a língua, por exemplo e, assim, também, culturalmente codificada.

3) A fotografia como traço de um real (o discurso do índice e da referência). Por mais útil e necessário que tenha sido, esse movimento de desconstrução (semiológica) e de denúncia (ideológica) da impressão de realidade deixa-nos contudo um tanto insatisfeitos. Algo de singular, que a diferencia dos outros modos de representação, subsiste apesar de tudo na imagem fotográfica: um sentimento de realidade incontornável do qual não conseguimos nos livrar apesar da consciência de todos os códigos que estão em jogo nela e que se combinaram para sua elaboração.

O uso da imagem pela antropologia, na produção de fotografias e audiovisuais etnográficos foi mesmo apresentando visões distintas e usos singulares em campo. Os primeiros antropólogos não creditaram valor autônomo da imagem fotográfica e apesar de aceitá-la como espelho do real, no sentido falado por Dubois, ela esteve em posição subalterna à escrita. Mauss (1993, p. 32) lembra que:

nunca serão demais as fotos que se tirarem, na condição de serem todas comentadas e exatamente localizadas: hora, lugar, distância. Pôr-se-ão essas indicações tanto no filme como no diário.

Essa metodologia, no entanto, não livra o risco de se ter uma imagem como mimese do referente, como fala Dubois, ou que se produza um sentido de realidade distante da prática cultural. O que se coloca é seu valor como parte do método de trabalho. Seja pela pouca familiaridade tecnológica ou pela escassez de recursos, seus usos foram pouco difundidos como métodos determinantes da pesquisa antropológica em contraposição à pesquisa etnográfica clássica. Como sabemos, tanto as fotos de Boas dos índios americanos já no século XX quanto o largo uso feito pela fotografia por Malinowski em campo não se sobressaíram aos seus registros escritos, mesmo Lévi-Strauss só tardiamente destacou suas fotografias.

Além disso, não podemos ainda esquecer a própria "dimensão ficcional" da fotografia. A imagem, criada pela objetiva, implica sempre uma transposição de realidade, um recorte de uma realidade visual de um dado assunto selecionado pela mão humana. A experiência em campo vivida é *reapresentada* numa outra dimensão. Nas palavras de Kossoy (2000, p. 38):

A realidade da fotografia não corresponde (necessariamente) à verdade histórica, apenas ao registro expressivo da aparência. A realidade da fotografia reside nas múltiplas interpretações, nas diferentes 'leituras' que cada receptor dela faz num dado momento (....).

A fotografia é sempre um resultado de criação/construção técnica e cultural, quando não estética, sendo esse um resultado não buscado pelo etnógrafo. A imagem, por guardar uma semelhança com o real – ícone que é –, com a realidade da aldeia, com um ritual de cura ou simplesmente por tornar presente o cotidiano de um grupo com o qual o antropólogo teve contato, acaba por conferir a si mesma uma "ilusão" de existir além dela própria.

Um outro aspecto ainda que merece ser destacado é o lugar da recepção das fotografias etnográficas. Toda e qualquer imagem tem sempre uma natureza polissêmica, permitindo uma interpretação plural pelo público. Num mundo hiperinflado de imagens publicitárias do outro, imagens cinematográficas distorcidas da realidade cultural e por uma plateia ansiosa por ver mais sobre si mesma e sobre o distante e suas qualidades "exóticas", as etnofotografias visuais podem estimular, dependendo como se apresentam, nas exposições, museus e galerias ocidentais, um interesse pelo "estranho" e por uma realidade distante e ao mesmo tempo "extraordinária".

Por isso, a ética torna-se a principal dimensão da imagem do outro na contemporaneidade, na medida em que a tecnologia não somente aproxima realidades distintas, mas pode criar e/ou reforçar representações desonestas sobre o outro, retomando os discursos coloniais e reapresentando-os com a aparência de verdade e/ou com o suposto consentimento do retratado. O compromisso do etnofotógrafo está exatamente em ter cuidado com a estetização da alteridade, da realidade cultural, a fim de não ideologizar a realidade e/ou essencializar a diferença como vemos com frequência no cinema ocidental. A imagem fotográfica deve ter como objetivo não atestar maior ou menor "naturalismo", porém destacar o registro do processo como uma interlocução intercultural.

A imagem como missão civilizatória

O surgimento do cinema no século XIX contribuiu definitivamente para a produção de imagens de outros povos. Em paralelo, o cinema aparece historicamente com o advento do imperialismo europeu e como um instrumento aliado, porque não dizer, da Conferência de Berlim (conhecida pela partilha da África entre as potências europeias nos anos de 1885-86). As imagens desse outro distante reapresentadas na grande tela apareceram mais reais que a própria realidade, mais distorcidas também.

A missão civilizatória imperialista da Europa no século XIX buscou "levar cultura" aos demais povos do mundo – que habitavam um "estado de natureza", uma vida primitiva que muito poderia aprender com o Ocidente – novos hábitos culturais e civilizados. As plateias brancas imperialistas recebiam e desejavam tanto os expoentes vivos da cultura-primitiva-mundo quanto as imagens que confirmassem seu imaginário político-colonialista-etnocêntrico.

O cinema, então, e também a fotografia oferecerão as provas visuais dos hábitos desses povos que, para o etnocentrismo ocidental, ainda viviam a infância da humanidade. Assim, essa ideologia forjará com o cinema o que na prática necessitava de legitimação moral, uma vez que as decisões de dominação daqueles povos africanos e asiáticos estavam em curso. A imagem, metaforicamente falando, desse ideal colonizador foi de uma África vista como uma criança, enquanto a Ásia, um idoso senil e a Europa como uma jovem e educada senhora.

A "etnografia" de Hollywood inseriu o espectador ocidental nessa cultura "exótica e primitiva" (que antes era selvagem) mesmo quando os filmes aí ambientados não tivessem personagens ocidentais, pois foram representados na tela por atores familiarizados com a plateia. Jean Rouch, num sentido oposto, ao analisar a produção fílmica de sua época, notadamente os filmes etnográficos, e podemos ampliar sua observação aos filmes também ficcionais, "(...) sugeriu que, em vez de observar os sujeitos de suas pesquisas como se fossem insetos, os antropólogos deveriam considerá-los como estímulos visando à compreensão mútua". (*STHAN,* 2006, p. 153).

Aos poucos, se solidificou uma imagem do outro (ameríndio, africano, aborígene, *inui*, etc.) como portador de uma essência a ser revelada, descoberta, traduzida, dissecada pela câmera. À medida que o avanço imperialista europeu sobre os novos territórios recém-repartidos, como na já citada Conferência de Berlim, ia subjugando as práticas culturais não ocidentais, o cinema também apresentava sua versão ideológica e opressiva aos novos públicos dos grandes centros urbanos. Se a ficção cinematográfica foi decisiva para seduzir os receptores, ajudando a consolidar a dominação cultural encampada pelas potências imperiais, os filmes produzidos com veio antropológico não ficaram muito distantes.

> Os povos do Quarto Mundo em geral aparecem em 'filmes etnográficos', que hoje procuram se livrar dos resquícios de certas atitudes colonialistas. Nos antigos filmes etnográficos, por exemplo, vozes confiantes e 'científicas' falavam a 'verdade' sobre os povos nativos, impossibilitados de réplica; já as novas produções buscam uma 'prática participativa', uma 'antropologia dialógica', uma 'distância reflexiva' e uma 'filmagem interativa (*STAHN, 2006, p. 67*).

Como vimos nos capítulos anteriores, novas produções audiovisuais (filmes etnográficos, filmes étnicos – vídeos nas aldeias – cinema ficcional produzido pelo Terceiro Mundo, expressão cunhada por Robert Sthan – e ainda os documentários) têm subvertido não apenas a lógica de uma visão eurocêntrica ocidental, mas também funcionado como outro caminho para se pensar a alteridade a partir das imagens.

Fica claro que existe um discurso ocidental que preparou o receptor para compreender os grupos culturais "exóticos" a partir de uma leitura etnocêntrica, caricatural e essencialista, como foram as primeiras imagens de pinturas e gravuras produzidas pelos navegantes europeus, segundo o capítulo 3. Esse trabalho, realizado pelo cinema tradicional ficcional, sempre influiu nas concepções que o Ocidente não somente fez e faz do outro, mas ainda fez e faz também dele próprio como superior visual e etnograficamente. A imagem, nesse caso, serve como uma moeda em constante processo de significação visual.

Reflexões sobre o filme etnográfico

A etnografia foi a forma mestra na antropologia, como pesquisa que é, para o registro e compreensão dos povos ameríndios, africanos, aborígenes entre outros. Sem dúvida, o registro de campo inaugurado por Malinowski e Boas revolucionou as pesquisas nas ciências sociais e influiu decisivamente também no modo como se pensava o outro pelas imagens, seja na fotografia no cinema.

O antropólogo, com sua grande missão de interpretar e explicar as culturas, inaugurou quase que concomitantemente pela imagem e pela escrita essa captura do outro. Como já foi dito, a hegemonia da etnografia e o uso da fotografia e do vídeo como sinais de uma prática de campo ditada pela escrita, duraram tempo o bastante, ao longo do século XX, para recentemente começarem a questionar a suposta objetividade dos cadernos de campo.

O filme etnográfico, contudo, ganhou destaque, saiu da exclusividade em que vivia circulando entre os pesquisadores especialistas e passou a compor as mostras reconhecidas no mundo todo, como em Berlim, no Rio de Janeiro, em Nova York, etc. Com o audiovisual, nasce uma gramática fílmica inédita que se afirma tanto diante da escrita quanto contribui não mais como apêndice dos trabalhos de campo mas como outra forma importante para se ver mais longe. Essa nova gramática da imagem em movimento apresenta regras próprias de representação do outro. Para Ribeiro (2007, s/p):

> O filme etnográfico ou o cinema etnográfico entendido no sentido mais amplo abarca uma grande variedade de utilização da imagem animada aplicada ao estudo do Homem na sua dimensão social e cultural. Inclui frequentemente desde documentos improvisados (esboços, ensaios fílmicos) até produtos de investigação acabados e de construção muito elaborada. Os métodos do cinema etnográfico são muito variados e associados a tradições teóricas diferenciadas como a meios e procedimentos utilizados. Assentam, no entanto, em alguns princípios fundamentais: uma longa inserção no terreno ou meio estudado frequentemente participante ou participada, uma atitude não diretiva fundada na confiança recíproca valorizando as falas das pessoas envolvidas na pesquisa, uma preocupação descritiva baseada na observação e escuta aprofundadas independentemente da explicação das funções, estruturas, valores e significados do que descrevem, utilização privilegiada da música e sonoridades locais na composição da banda sonora.

Os métodos do filme etnográfico são muitos e originários de uma prática etnográfica que busca não dirigir e estetizar a significação cultural. O cinema, o vídeo e a fotografia são instrumentos de observação, transcrição e interpretação da realidade como é a etnografia, além de um poderoso recurso de ilustração das pesquisas, devido à qualidade icônica (e indicial) das imagens. Rouch (1993, p. 63) afirma que:

> (...) podem os antropólogos, realmente, pretender que os textos sejam mais objetivos, já que suas formulações estão submetidas a uma lógica própria à escrita, situada no contexto da cultura literária dominante? O leitor, mesmo avisado, tem melhores meios para controlar a autenticidade dos fatos relatados e a pertinência das escolhas operadas e análises propostas quando se sujeita a uma longa e lenta leitura ou quando se submete ao visionamento contínuo de um filme projetado? Na verdade, antropólogos célebres viram suas observações serem questionadas pelos pesquisadores que os sucederam-nos mesmos campos de pesquisa. Não podemos ignorar que é difícil avaliar a indução operada pelo antropólogo sobre os informantes que interroga; os dados podem estar camuflados desde o início partis pris que não necessariamente isentam o observador, submetida que está às normas de sua própria sociedade. Quem pode controlar a pressão exercida, mais ou menos conscientemente, sobre os fatos confirmados, posteriormente, pelas teorias avançadas? O rigor de uma demonstração escrita não será, enquanto tal, a

garantia definitiva da validade ou da exaustão das observações coletadas. Quem poderá afirmar que os antropólogos da escrita são mais independentes de uma representação dominante e do peso da 'curiosidade' pública do que os antropólogos cineastas no que tange ao espetacular? A escolha dos objetos de representação antropológica, num caso mais que noutro, não é independente das prioridades impostas pela pesquisa cognitiva própria ao mundo dos antropólogos em questão. O cinema e a antropologia partilham, na verdade, os defeitos que se imputam reciprocamente. Em ambos os casos, mas em momentos diferentes e em lugares distintos, o quadro de referência ideológica e a intenção cultural dos observadores introduzem esses últimos no campo mesmo de sua observação.

De outro modo, há razões suficientes para se questionar sobre a questão da neutralidade da etnografia e da imagem, como no passado insistia-se em ver a imagem como um espelho do real e mesmo como transformação – ideológica – do real observado. Ampliou-se o arco da dúvida sobre a prática antropológica (etnográfica e visual), bem como a própria recepção, que raramente foi pensada, aparece como parte importante das reflexões contemporâneas.

Ao subverter a lógica dessa gramática fílmica clássica – da montagem, do som, do ângulo, por exemplo – possibilita-se outra forma de se gravar mais apropriada à antropologia, criando uma arquitetura fílmica mais apropriada aos registros de campo:

Mas num ângulo ocasional, descobre-se que antigas interdições de montagem podem ser transgredidas; a sombra da câmera ou do microfone entra no campo visual e, no entanto, o discurso não se perde; ele confere, ao contrário, uma dimensão maior à realidade; um som confuso traz uma força de inquietude, uma tensão à imagem, uma respiração de vida, que nenhum outro artifício tinha, até então, permitido (*ROUCH, 1993, p. 64*).

O filme etnográfico foi, paulatinamente, buscando se desvencilhar daquilo que fosse estranho ao diálogo entre o antropólogo e a cultura, construindo uma linguagem própria capaz de se notabilizar nem tanto pela representação do real, o que seria uma ilusão, mas sim pela criação de uma nova possibilidade de dar voz ao sujeito e às questões antropológicas. E essas mudanças ocorrem conjuntamente à crítica contemporânea da antropologia.

A prática antropológica fortaleceu-se com as tecnologias da imagem (fotografia, cinema, vídeo). Elas trouxeram possibilidades de se ir e ver além, tanto na compreensão do outro quanto na tomada de consciência sobre a observação participante. Os sujeitos pesquisados foram, aos poucos, se emancipando por razões do próprio contexto, pelo uso agora das mesmas tecnologias e impulsionados pela crítica feita pela própria antropologia às suas práticas. Com isso, o que vemos é a dispersão da autoridade etnográfica e, por que não dizer, videográfica, como determinante das produções contemporâneas.

Fica claro que a imagem antropológica não tem por fim atestar maior realismo, transparência ou objetividade, mas possibilita, inevitavelmente, um processo de diálogo intercultural. Atualmente, essas mudanças têm levado ao estabelecimento de uma intersubjetividade muito cara à antropologia, que se viu obrigada a repensar seu método, suas técnicas e a si própria.

Além da antropologia, pois "não estamos vendo direito o hipopótamo"

Se podemos falar na atualidade de uma crise da antropologia, ela tem sido pensada pelas ciências sociais. Banks (2009, p. 71), sobre essa questão, afirma que "em meados da década de 1980, aquilo que veio a ser chamado de a 'crise de representação' levou os antropólogos a examinar os modos pelos quais a autoridade de um relato etnográfico era criada e sustentada (...)", desencadeando uma reflexão que tem exigido um esforço teórico reflexivo sobre a disciplina.

Hoje, de fato, os problemas teórico-metodológicos que atravessam a ciência antropológica, sem dúvida, muito têm contribuído tanto para o aprofundamento de novas formas de se fazer-pensar o trabalho de campo, como para a revisão, os critérios de legitimação do fazer etnográfico. Por isso, é importante estudar como a imagem foi pensada e usada historicamente, entender sua dimensão ficcional e ética na construção do olhar cultural e problematizar seu uso por uma antropologia que se questiona.

O caráter também ideológico do cinema e seu compromisso colonizador na formação das plateias, desde sua invenção, que criou uma linguagem própria, influenciou o filme etnográfico e sua gramática, são oriundos de um cinema e de toda sua vontade (imperialista e neoimperialista) de representação das imagens por ele criadas. Não é errôneo questionar, portanto, a crise de um cinema ocidental que se diz representante da imagem das culturas, e hoje, à medida que esses povos passam a questionar essas manipulações cinematográficas, somos levados a pensar em como representar o outro. O modo como os filmes etnográficos alteraram a linguagem do cinema ainda é uma questão atual.

As imagens, como o espelho de narciso, comunicam sentidos, podem ter usos religiosos, políticos e ideológicos. Sempre remetem a um contexto, presentificam uma vontade coletiva ou narram histórias memoráveis. Quando etnográficas, mostram-se relacionais, induzem o outro e estabelecem novas possibilidades de convivência.

Rouch relata que ao retornar a um vilarejo no Níger, onde gravou uma caça ao hipopótamo, e a fim de mostrar suas imagens às pessoas filmadas, aprendeu o sentido e a importância de uma antropologia compartilhada. Foi assim, logo após a última projeção, que ouviu dos "nativos" o seguinte: "Não estamos vendo direito o hipopótamo, queríamos vê-lo sair da água... E essa música se toca durante a caça?" A indagação procedia, pois na finalização Rouch colocou no filme *Gawey Gawey*. Por fim, reclamaram da música: "Sim, mas você não sabe que o hipopótamo ouve debaixo d'água e que isso o encorajaria a fugir a toda velocidade?... Mas, obrigado! Mesmo assim não está mal".

EU, ESSES E OS OUTROS: A IMAGEM DA ALTERIDADE NAS CIÊNCIAS SOCIAIS

Por Natalício Batista Jr.

A imagem age sem tocar, a distância.

Monique Sicard

Toda sociedade, cultura e civilização sempre têm formas de apreciação de si, de suas práticas sociais, dos seus costumes e instituições, muitas delas construídas através de imagens bidimensionais ou tridimensionais, artesanais ou técnicas que compõem um repertório de representações visuais pelos quais os grupos sociais se veem, se fazem ver ou são vistos. Geralmente, constituem-se de apreciações positivas sem que se possa dizer ou pensar algo fora do seu domínio. O que se considera "normal" nas imagens de um grupo social nem sempre é reconhecido pelo vizinho. Trata-se, nas ciências sociais, da tendência etnocêntrica, a de ver, tratar e entender o outro a partir de um modelo de referência particular do grupo ao qual o observador pertence. Isso também consiste em, constantemente, achar estranho e bizarro a vida dos que, por não terem a mesma história, experiência, pensamento ou tampouco habitarem o local daqueles que o observam, são submetidos a julgamentos desfavoráveis, à reputação de inferior, sendo relegados, várias vezes, à sombra da incompreensão.

Para o homem ocidental, o outro fez parte, sucessivamente, do curso da história dos "bárbaros", dos "infiéis", do "selvagem", do "primitivo" e, em contextos do século XXI, dos "não desejados", os povos de culturas, civilizações ou religiões consideradas tradicionais, pouco liberais ou democráticas, fontes do medo e do terror, contemporaneamente tratadas como ameaças à segurança das nações. (*TODOROV, 2010; SAID, 2007; e APPADURAI, 2009*). Na Antiguidade, gregos e romanos chamavam de "bárbaros" os que não dominavam a língua dos primeiros. Na Idade Média, foi a vez dos árabes, turcos e demais não cristãos serem vistos como pervertidos, uma vez que o cristianismo não poderia levá-los a sério em razão da diferença de religião ou ausência desta. Com a "descoberta" da América apareceu também outra parte da humanidade que não havia recusado o cristianismo, mas, simplesmente, não o conhecia, segundo os europeus. No século XIX, sob os interesses do imperialismo industrial europeu na África e Ásia, os "selvagens" e "nativos" poderiam, ao submeterem-se à educação, cultura e instituições políticas do Estado moderno, evoluir, livrando-se do estágio da infância civilizatória (africanos) ou das tradições arcaicas (asiáticos).

Os interesses e estudos antropológicos desenvolveram-se, simultaneamente ao fortalecimento das relações comerciais entre regiões continentais, à configuração da economia internacional, ao aparecimento dos impérios europeus, ao colonialismo e à intensificação conflituosa dos contatos entre povos diferentes, sobretudo entre o Oriente e Ocidente, dois termos que ultrapassam o caráter puramente geográfico. Eles representam a configuração de regimes culturais, sociais e ideias em oposição, construídos, historicamente, pela força das relações políticas e econômicas estabelecidas entre os países.

Ao longo do século XX, para fortalecer uma identidade científica independente, a antropologia desenvolveu seus próprios métodos de investigação que a levaram, paulatinamente, a abandonar a autoridade de procedimentos quantitativos e descritivos na abordagem da cultura, aproximando-se de métodos mais qualitativos. Nesse sentido, a pesquisa de campo, a observação participativa e a recusa ao etnocentrismo tornaram-se condições prévias para o trabalho do antropólogo, sobretudo, nas pesquisas, pelo uso mais amplo dos meios visuais além da escrita. O diário de campo do antropólogo, com anotações e observações escritas, tornou-se, pouco a pouco, insuficiente para a apreensão e entendimento da experiência do vivido na cultura. Cabia ao profissional colher e produzir imagens para completar e reelaborar seus registros. A imagem deixava de ser um apêndice nos estudos e pesquisas das ciências sociais.

O avanço da cultura visual (fotografia, cinema, TV e vídeo) moderna e contemporânea fez-se presente no cotidiano de indivíduos, grupos e sociedade, globalizando, assim, de forma maciça, por via satélite ou rede de computadores, objetos, informações, costumes e ideias, ao longo do século. Fotografar, filmar e gravar vídeos tornou-se hábito e uma das principais formas de sociabilidade. O uso público e privado das tecnologias da imagem não tardou a despertar a atenção das ciências sociais. A antropologia crescia através do avanço das técnicas de representação visual, especificamente, pelo desempenho da gravura e da pintura (já nos séculos XVII e XVIII), da fotografia, do cinema, do vídeo e das tecnologias móveis (aplicativos e redes de compartilhamento de imagem). A elas coube a tarefa de observar, apresentar, retratar e idealizar o outro, seu corpo e relação com a natureza, sua linguagem e discurso, suas construções materiais e simbólicas, seu pensamento e moral. Os aparelhos de visão e as imagens deles resultantes constituíram conexões importantes na produção e na qualidade do conhecimento sobre a natureza e, sobretudo, a respeito dos homens, sua condição de ser e estar, fazer e pensar. Ver o mundo e os outros passou, cada vez mais, a ser o ato de olhar através de aparelhos de visão, máquinas óticas, melhor dizendo, câmeras que sustentam e orientam a observação das pessoas, artistas e cientistas. A particularidade sígnica, metodológica e ética desses meios visuais conferiu vantagens e desafios ao dia a dia dos antropólogos mas, principalmente, ao próprio objeto da antropologia, a cultura e a diferença. Se o olhar esteve e está mediado por próteses de visão, aquilo que se vê também leva a marca do aparelho que construiu a representação visual. As imagens resultam de processos técnicos de captação específicos no tempo e espaço; possuem uma forma de expressão; implicam uma leitura e recepção; fazem crer ou instauram fatos que funcionam como ficções. Criar imagem é fazer escolhas: ângulos e enquadramentos, cenas e depoimentos. É também ignorar ou reconhecer o potencial dramatúrgico da luz, do corte cinematográfico, da edição de voz e som nas peças audiovisuais. Só temos, dessa forma, acesso àquilo que as imagens nos dão a ver. Com isso, o outro e a alteridade só podem ser referidos na extensão e limite de sua apreensão visual.

Os estudos da antropologia visual, ao abandonarem a condição de mera documentação realística do cotidiano de grupos humanos distantes e isolados, foram capazes de encontrar nos usos dos meios e nas extensões técnicas de produção de imagem, os sentidos e o caráter contundente e ambivalente da cultura visual de toda e qualquer comunidade, sociedade ou civilização, tanto do presente quanto do passado. A partir da segunda metade do século XX, o aumento do interesse das ciências sociais pelo uso da linguagem visual é, certamente, uma resposta à falência dos paradigmas positivistas, das teorias funcionalistas, sistêmicas e totalizantes nas pesquisas sociais e, finalmente, explica-se pela importância da mídia na vida cotidiana. A antropologia, sob a influência do pensamento da pós-modernidade, procurou uma nova forma de "escrever" a cultura que incorporava no próprio texto antropológico o pensamento e a consciência sobre os procedimentos adotados, sobre o papel e os usos da escrita e da imagem como meios de comunicação por excelência, esferas de mediação de sentidos, nada aleatórias.

O uso das imagens nas pesquisas sociais contribuiu para transformações no entendimento sobre o que é a cultura. O caráter semiótico é aqui valorizado, uma vez que o homem está preso a uma teia de significados que ele mesmo construiu, age e pensa com base neles. O antropólogo não está a serviço de uma ciência experimental que busca leis, estruturas, sistemas ou modelos generalizantes que explicam a cultura, mas uma ciência interpretativa que busca significados. Nessa perspectiva, a cultura mostra-se como texto, detentor de hermenêutica própria. A dimensão interpretativa da cultura, defendida pelo antropólogo norte-americano Clifford Geertz (1989), questiona formulações totalizantes; observa os pormenores e circunstancialidades das criações materiais e imaginárias dos indivíduos e grupos; reconhece a polissemia das interações sociais e toma a cultura como a construção e relação entre signos e símbolos que se interpenetram. O etnógrafo, nessa perspectiva, além de leitor, é parte das medições, movimenta entre as culturas, grupos e sociedade, os significados e sentidos da experiência cultural. Ao etnógrafo, por isso, é dada a difícil tarefa de tradução.

O fato de a cultura ser composta por repertórios de signos determina um valor para a imagem. A imagem de alguém ou grupo é o principal sinal da relação dos homens com a ausência, pois aquilo que se vê pela imagem não é o objeto real ou vivo, mas uma compensação visual daquilo que não se pode ter perto a todo e qualquer instante, do que pode ser disperso ou destruído pelo tempo e que, por isso, precisa ser duplicado e transformado em imagem, sendo a prova ou vestígio de sua existência, a maneira, por excelência, de deter as coisas como estão e são no momento em que se vê. A imagem é, por um lado, guardiã de um saudosismo, nem sempre ingênuo; por outro, significa uma estratégia de controle dos homens sobre o tempo que a tudo transforma, mudando a aparência dos objetos, a fisionomia das pessoas ou as formas da paisagem. Nessa perspectiva, viver é fortalecer as formas e chances de conter o que desaparece (DEBRAY, 1993) e, para isso, criar imagem de si e dos outros é um meio de continuar a conhecer alguém e o mundo, inclusive, para tê-los ao alcance dos olhos e da mão, sob controle, sujeitos a toda sorte de manipulação.

Finalmente, uma das principais fontes de discussões que envolvem a pesquisa de campo e, nela, a captação de imagens, é a compreensão do descompasso entre o *estar--lá* (campo) e o *estar-aqui* (escrever e ler imagens) pelos antropólogos e etnógrafos, principalmente, ao realizar fotografias, filmes e vídeos. A questão implica o entendimento do conhecimento antropológico, especificamente, de como o etnógrafo situa-se como autor de/em seu texto e de como ele constrói o desafio de representar as sociedades que estuda. Há, nisso, o ônus do risco da necessidade de duplo convencimento: a) fazer crer que esteve em campo e observou, por isso, registrou e tem imagens, provas de sua presença e; b) se alguém estivesse lá, também veria o que o etnógrafo viu, sentiria o que sentiu e concluiria o que concluiu. Trata-se da contínua pretensão, e sempre frustrante, de explicar o outro enigmático.

A imagem não é apenas propriedade de quem a produz, também é a porta de acesso daqueles que se deixam ser vistos, com ou sem consciência do que pode ser externalizado. Com isso, o entendimento e sentido das coisas esteve, cada vez mais, à medida: da posse e negociações das representações visuais dos e pelos indivíduos; do que se consegue mostrar pela imagem e daquilo que resiste em sê-la; do que se configura como imaginação, estereótipo, idealização ou imagem involuntária. A imagem do outro nasce, assim, do jogo de interesse e de poder entre observador e retratado, colonizador e colonizado, macho e fêmea, brancos e negros, Ocidente e Oriente, Norte e Sul, centro e periferia, etc., sendo, portanto, ponto de convergência das contradições inerentes às relações sociais, econômicas e políticas dos homens. A imagem possui, sem dúvida, uma dimensão dialógica – e ideológica – como defende Ronaldo Mathias, à luz de Clifford Geertz, nos capítulos deste livro, cabendo ao antropólogo e ao etnógrafo ter consciência disso, ler e decifrar.

A imagem, assim como as criações artísticas, faz parte do processo no qual a sensibilização que representa e simboliza relaciona-se à experiência coletiva da qual faz parte. O signo visual não é uma representação neutra do real. A imagem da alteridade é em si um conflito inevitável e, talvez, sem fim.

REFERÊNCIAS

ALMEIDA, Sandra Regina Goulart. *In.* Prefácio de *Pode o subalterno falar?*, SPIVAK, Gayatri Chakravorty. Belo Horizonte: Editora da UFMG, 2012.

ANGROSINO, Michael. *Etnografia e observação participante.* Porto Alegre: Artmed, 2009.

APPADURAI, Arjun. *O medo ao pequeno número. Ensaio sobre a geografia da raiva.* São Paulo: Iluminuras, 2009.

ARGIER, Michel. *Antropologia da cidade: lugares, situações, movimentos.* São Paulo: Terceiro Nome, 2011.

BAZIN, André, "The ontology of the photographic image", André Bazin, *What is Cinema?* Berkeley, University of California Press, 2005 v. I, 9-16. DOI : 10.1525/fq.1960.13.4.04a00030

BELLUZZO, Ana Maria de Moraes (org). *O Brasil dos viajantes.* São Paulo: Metalivros, 1994.

BENJAMIN, Walter. "A obra de arte na era de sua reprodutibilidade técnica". In: *Obras escolhidas.* v. I . São Paulo: Brasiliense, 1985 [1936] p. 165-196.

BOAS, Franz. *Arte primitiva.* Petrópolis: Vozes, 2014.

BONI, Paulo César; MORESCHI, Bruna Maria. *Fotoetnografia: a importância da fotografia para o resgate etnográfico.* Doc On-line, n. 03, Dezembro 2007, www.doc.ubi.pt, p.137-157.

Cadernos de Antropologia e Imagem 10. Universidade do Rio de Janeiro. Núcleo de Antropologia e Imagem. Rio de Janeiro: UERJ, NAI, 1995 – v.:il.

CALDEIRA, Teresa Pires do Rio. "A presença do autor e a pós-modernidade em Antropologia". In: Revista Novos Estudos, n. 21, julho de 1988.

CARBONNIER, Georges. *Arte, linguagem, etnologia: entrevista com Claude Lévi-Strauss*. Campinas, SP: Papirus, 1989.

CATELLI, Rosana Elisa. "A Comissão Rondon e a construção da imagem do interior do Brasil". Disponível em: http://www.uesc.br/revistas/especiarias/ed17/resenha.pdf. Acessado em 20 de janeiro de 2015.

CHARNEY, Leo e SCHWARTZ, Vanessa R (org.). *O cinema e a invenção da vida moderna*. São Paulo: Cosac & Naif, 2001.

COUTINHO, Eduardo. *O fim e o princípio*. Rio de Janeiro: Videofilmes, 2005. (35 mm, 100')

COLLIER, John. *Antropologia visual: a fotografia como método de pesquisa*. São Paulo: EDUSP, 1973.

CLIFFORD, James. *A experiência etnográfica. Antropologia e literatura no século XX*. Rio de Janeiro: UFRJ, 2011.

CRAWFORD, Peter: "Film as discourse: the invention of anthropological realities". *In* CRAWFORD, Peter e TURTON, David: Film as Ethnography. Manchester: Manchester University Press, 1992.

DEBRAY, Regis. *Vida e morte da imagem. Uma história do olhar no Ocidente*. Petrópolis: Vozes, 1993.

DUBOIS, Philippe. *O ato fotográfico*. Campinas: Papirus, 1993.

EDUARDO, Cléber. "Thomaz Reis: major ou cineasta?". Disponível em: http://www.revistacinetica.com.br/thomasreis.htm Acesso dia 22/12/2014

EISENSTEIN, Sergei. *O sentido do filme*. Rio de Janeiro: Zahar, 1990.

ERIKSEN, Thomas Hylland; HYLLAND, Thomas. *História da an-*

tropologia. Petrópolis, Vozes, 2012.

FONSECA, Gleice Mônica Nery. "Antropologia visual: surgimento e áreas de atuação". Universidade Federal de Uberlândia – NUPEA – Núcleo de Pesquisa de Ensino de Artes. Disponível em: http://www.nupea.fafcs.ufu.br/pdf/AntropologiaVisual.pdf Acessado dia 22/05/2015.

FRANCE, Claudine de *Cinéma et Antropologie*. Paris, Editions de la Maison de Sciences de l'Homme, 1982.

___. *Do filme etnográfico à antropologia fílmica*. Campinas: Editora da Unicamp, 2000.

Fundação Bienal de São Paulo. XXIV Bienal de São Paulo: núcleo histórico ;

antropofagia e histórias de canibalismo, v.1 [curadores: Paulo Herkenhoff, Adriano Pedrosa]. São Paulo: A fundação, 1998.

GALLOIS, Dominique T., CARELLI, Vincent. "Vídeo e diálogo cultural – experiência do Projeto Vídeo nas Aldeias". *In: Horizontes antropológicos*, Porto Alegre, ano 1, n. 2, p. 61-72, jul./set. 1995

GÂNDAVO, Pero de Magalhães. *A primeira história do Brasil: História da província de Santa Cruz a que vulgarmente chamamos Brasil*. Rio de janeiro: Zahar, 2004.

GEERTZ, Clifford. *A interpretação das culturas*. Rio de Janeiro: Ed. LTC, 1989.

___.*Obras e vidas. O antropólogo como autor*. Rio de Janeiro: UFRJ, 2009.

GIUMBELLI, Emerson. Rev. bras. Ci. Soc. vol.17 n.48 São Paulo Feb. 2002. Disponível em: http://dx.doi.org/10.1590/S0102-69092002000100007

GODOLPHIN, Nuno. *Horizontes antropológicos*, Porto Alegre, ano 1, n. 2, p. 161-185, jul./set. 1995

Histórias mestiças: catálogo / organização Lilia Moritz Schwarcz, Adriano Pedrosa. 1 ed. Rio de Janeiro : Cobogó; São Paulo: Instituto Tomie Ohtake, 2015.

GONÇALVES, Marco Antônio. "O real imaginado. Etnografia, cinema e surrealismo em Jean Rouch". 2007. Disponível: http://www.nextimagem.com.br/wp-content/uploads/gon%C3%A7alves-rouch-pdf-completo-com-imagensl.pdf Acessado em 25 de outubro de 2014.

JOLY, M. *Introdução à análise da imagem*. São Paulo: Papirus, 1996.

KOSSOY, Boris. *Fotografia & história*. 2. ed. São Paulo: Ateliê Editorial, 2001

___.*Realidades e ficções na trama fotográfica*. São Paulo: Ateliê Editorial, 2006.

LAPLANTINE, François. *Para aprender antropologia*. São Paulo: Brasiliense, 2007.

LÉRY, Jean de. *Viagem à terra do Brasil*. São Paulo: Martins Editora, 1951.

LÉVI-STRAUSS, Claude. *Tristes trópicos*. São Paulo: Companhia das Letras, 1996.

___. *Saudades do Brasil*. São Paulo: Companhia das Letras, 1994.

MALINOWSKI, Bronislaw K. *Os argonautas do Pacífico Ocidental*. São Paulo: Abril, 1976.

MATHIAS, Ronaldo. *Antropologia e arte*. São Paulo: Claridade, 2014.

MAUSS, Marcel. *Manual de etnografia*. Lisboa: Publicações Dom Quixote, 1993.

MAC DOUGALL, David. "The visual in anthropology". In: Banks, Marcus & Morphy, Howard (orgs.). *Rethinking visual anthropology*. New Haven e Londres, Yale University Press, 1999. p. 276-295.

___. Filme etnográfico. Cadernos de campo, São Paulo, n. 16, p. 1-304, 2007

MELATTI, Julio Cezar. *Índios do Brasil*. São Paulo: Edusp, 2007.

MENEZES, Paulo. Horiz. antropol. v.14 n.29 Porto Alegre Jan./June 2008. Disponível: http://www.scielo.br/scielo.php?script=sci_arttext&pid=S0104-71832008000100010 Acesso dia 10/01/2015

MONTE-MÓR, Patrícia:"Tendências do documentário etnográfico". *In*: Teixeira, Francisco Elinaldo. (Org.). Documentário no Brasil: tradição e transformação. São Paulo: Summus, 2004.

MONTE-MÓR, Patrícia. 1ª Mostra internacional de Filme Etnográfico. Rio de Janeiro: Centro Cultural Banco do Brasil, 1993.

____. II Mostra Internacional do Filme Etnográfico. Rio de Janeiro: Centro Cultural Banco do Brasil, 1994.

____. IV Mostra Internacional do Filme Etnográfico. Rio de Janeiro: Museu de Folclore Edison Carneiro, 1997.

____. V Mostra Internacional do Filme Etnográfico. Rio de Janeiro: Museu de Folclore Edison Carneiro, 1998.

____. IX Mostra do Filme Etnográfico. Rio de Janeiro: Museu de Folclore Edison Carneiro. 2003.

MELATTI, Julio Cezar. *Índios no Brasil*. São Paulo: Edusp, 2007.

NOVAES, Sylvia Caiuby. Lévi-Strauss: razão e sensibilidade. Rev. Antropol. v.42 n.1-2 São Paulo, 1999.

____. "O uso da imagem na antropologia". *In* SAMAI, Etienne. *O fotográfico*. São Paulo: Hucitec, 1998.

____ *et al*, O imaginário e o poético nas ciências sociais. Bauru: Edusc, 2005.

____. "O filme etnográfico: autoria, autenticidade e recepção". Disponível em: http://www.academia.edu/6094742/O_filme_etnogr%C3%A1fico_autoria_autenticidade_e_recep%C3%A7%C3%A3o Acessado em 10 de abril de 2015.

OLIVEIRA, Roberto Cardoso de. Antropologia e a crise dos modelos explicativos. Estudos Avançados. n. 9 (25), 1995. p. 213-228

ONG, Waltaer. *Oralidade e cultura escrita*. Campinas, SP: Papirus, 1998.

PIAULT, Marc Henri. "Antropologia e a 'passagem à imagem'". *In*: *Cadernos de Antropologia e Imagem,* número 1. Rio de Janeiro: UERJ, 1995 p. 23-29.

PEIXOTO, Clarice Ehlers. "Antropologia e filme etnográfico: um traveling no cenário literário da Antropologia Visual". In: BIB, Rio de Janeiro, 48, 2° semestre de 1999, p. 91-115.

RIBEIRO, José da Silva. Rev. Antropol. v.48 n.2 São Paulo, July/Dec. 2005

___. "Cinema e Antropologia". Revista de Cinema da UFRB. Ano IV, n. 7, 2012.

___."Homem da Câmera de Filmar: o cinema ou uma história do cotidiano?". In: Revista Galáxia, São Paulo, n. 11, 2006, p. 37-55.

___. Jean Rouch - "Filme etnográfico e Antropologia Visual". In: Revista digital do cinema documentário. Universidade da Beira, Portugal, 2007.

ROIZ, Diogo da silva. Franz Boas e a institucionalização da Antropologia nos Estados Unidos. Disponível em: http://www.google.com.br/url?sa=t&rct=j&q=&esrc=s&source=web&cd=1&ved=-0CB0QFjAA&url=http%3A%2F%2Fseer.ufrgs.br%2FEspacoAmerindio%2Farticle%2Fdownload%2F17193%2F10567&ei=OezlVM-v1G4argwSbrIC4Cw&usg=AFQjCNE0EbvP84ibeAg-p2yEHX871f-gI5Q&bvm=bv.85970519,d.eXY.

Acessado dia 15 de março, 2015.

ROUCH, Jean, «Os Pais Fundadores. Dos «antepassados totêmicos» aos investigadores de amanhã» *in Imagens do Mundo, mostra do cinema etnográfico Francês:* Lisboa UAb/ISCTE, 1995.

___. Rouch, Jean; Fulchignoni, Enrico. Cine Anthropology. *In*: Feld, S. Cine-Ethnography – Jean Rouch. (Visible Evidence, 13). Minneapolis, University of Minneapolis Press, 2003.

___.Rour totemic ancestors and crazed masters. In: Hockings, Paul. Principles of Visual Anthropology. Berlim; Nova York; Amsterdam: Mouton de Gruyter, 2003.

___.1a Mostra Internacional do Filme Etnográfico. Rio de Janeiro: Centro Cultural Banco do Brasil, 1993.

___."The camera and man". In: Hockings, Paul. *Principles of visual anthropology.* Berlim; Nova York, p. 79-98.

RUIZ, Castor Bartolomé. *Os paradoxos do imaginário*. São Leopoldo, Editora Unissinos, 2003.

SAID. Edward. *Orientalismo*. São Paulo. Cia. das Letras, 2007.

SAMAIN, Etienne. *Gregory Bateson: Rumo a uma epistemologia da Comunicação*. Ciberlegenda n. 5, 2001.

_____*"Ver" e "dizer" na tradição etnográfica: Bronislaw Malinowski e a fotografia*. Revista Horizontes Antropológicos, Porto Alegre, ano 1, n. 2, p. 23-60, jul/set. 1995.

SILVA, Marcos Aurélio. "Eduardo Coutinho e o cinema etnográfico para além da antropologia". In: Cambiassu – Edição Eletrônica. Revista Científica do Departamento de Comunicação Social da Universidade Federal do Maranhão - UFMA - ISSN 2176 - 5111 São Luís - MA, Janeiro/Dezembro de 2010 - Ano XIX - N 7. Disponível em: http://etnografica.revues.org/877

SPIVAK, Gayatri Chakravorty. *Pode o subalterno falar?* Belo Horizonte: Editora da UFMG, 2012.

STHAN, Robert; SHOHAT, Ella. *Crítica da imagem eurocêntrica*. São Paulo: Cosac Naify, 2006.

TACCA, Fernando de. "Rituais e festa Bororo. A construção da imagem do índio como 'selvagem' na Comissão Rondon". In: Revista de Antropologia, São Paulo, USP, 2002, v. 45 n 1.

TAUSSIG, Michel. *Xamanismo, colonialismo e o homem selvagem. Um estudo sobre o terror e a cura*. Rio de Janeiro: Paz e Terra, 1993.

TODOROV, Tzvetan. *O medo dos bárbaros*. Petrópolis: Vozes, 2010.

VERGER, Pierre. *Orixás: deuses iorubás na África e no Novo Mundo*. Salvador: Corrupio, 2002.

ZOETTL, Peter Anton. "Aprender cinema, aprender antropologia". In: Etnográfica v. 15 (1) l 2011, p. 185-198.

SITES

https://agnesmariano.files.wordpress.com/2010/07/antropologia-radical-monografia.pdf

http://www.balafon.org.br/mostrajeanrouch/index.html

https://www.youtube.com./watch?v=z2jG3rQ0MNA

http://br.rbth.com/blogs/2013/04/24/dziga_vertov_e_o_protagonismo_da_camera_18885.html

http://www.rua.ufscar.br/dziga-vertov-um-cineasta-e-sua--revolucao-particular/

http://www.balafon.org.br/mostrajeanrouch/index.html

https://www.youtube.com./watch?v=z2jG3rQ0MNA

http://br.rbth.com/blogs/2013/04/24/dziga_vertov_e_o_protagonismo_da_camera_18885.html

http://www.revistacinetica.com.br/nanook.htm

http://povosindigenas.com